核兵器はなくせる

川崎 哲

ア新書 880

目次

章扉イラスト＝ねもときょうこ

※本文中に出てくる役職名は、いずれも執筆当時(二〇一八年六月時点)のものです。

プロローグ

世界を動かしたのは普通の人たち

人は自由に空を飛べる

「人は自由に空を飛べる」。人類が飛行機を発明する前に、そう言った人がいたら、周囲はどんな反応をしたでしょうか？「そんなことできるわけない」と否定されたり、「おかしなヤツ」と冷笑されたかもしれません。でも、その夢を実現しようとした人が試行錯誤《しこうさくご》を繰り返した結果、飛行機は完成しました。いまでは、否定したり、冷笑する人は誰もいません。誰かが最初に「人は自由に空を飛べる」と言わなければ、飛行機は誕生していませんでした。それまでの常識とかけ離れたことを実現する陰には、周囲からどんなに笑われてもあきらめずに言い続ける人がいました。

核兵器はなくせる

「核兵器はなくせる」。僕たちは、そう言い続けてきました。もしかしたら、飛行機のない時代に空を飛べると主張するよりも、さらに非現実的な人たちだと思われているかもしれません。批判されたり、冷笑されることもよくあります。でも、僕が関わる「ＩＣＡ

ノーベル平和賞の授賞式(2017年12月)でメダルなどを手にしたICANの事務局長，ベアトリス・フィンさん(右)とサーロー節子さん(中央)

N」というグループは、本気で核兵器をなくそうと行動してきました。ＩＣＡＮの正式名称は「International Campaign to Abolish Nuclear Weapons＝核兵器廃絶国際キャンペーン」です。いまでは世界一〇一カ国から、四六八の団体が加盟して各地で活動を広げています(二〇一八年三月現在)。といっても、決してＩＣＡＮは大きな組織ではありません。ＩＣＡＮの事務局はスイスにあり、そこにいるスタッフの数はたった四人です。その四人を、世界中の加盟団体が支える形で活動をしてきました。

そして二〇一七年七月に、国際連合(以下、国連)で「核兵器禁止条約」が成立しました。これは人類史上初めて、核兵器を全面的に禁止することを定めた国際条約です。ＩＣＡＮはその条約をつくる過程に大きく貢献することができました。また、それによって同じ年の一二月に、ノーベル平和賞をいただきました。ノーベル平和賞は、これまで国家間の友好関係や軍備の削減、および平和の推進に尽力・貢献した人物や団体に授与されてきました。そのため有名な政治指導者や政治家、社会活動家や学者などに与えられてきました。でもこのときは、僕たちのような無名の「普通の人たち」の集まりであるＩＣＡＮに贈られました。

ＩＣＡＮは核兵器廃絶のために行動している、世界中のさまざまな団体の寄り集まりです。だから今回のノーベル平和賞は、特定の個人や団体に贈られたのではなく、これまで核廃絶のために行動してきたすべての人たちに捧げられた賞だと考えることができます。一人ひとりの普通の人たちの努力が、ノーベル委員会に認められました。中でも、勇気をもって自らのつらい体験を語ってきた、広島・長崎の被爆者の方たちの貢献はとても大きなものでした。このノーベル平和賞は、そうした被爆者の人たちにも向けられています。

「核兵器禁止条約をつくろう」という僕たちに対して、多くの人から「そんな条約ができるわけがない」「現実を知らない理想論だ」という批判が繰り返されました。でも、条約をつくる会議に集まった人びとは、外野の声を気にせず、核兵器のもたらす問題について真剣に向き合いました。政府の人、ＮＧＯ(非政府組織)などの市民団体、赤十字、法律家、学者、一般市民、被爆者、メディアなどが知恵を出し合い、力を合わせたことで、不可能と思われていた条約ができました。これは政府だけでも、NGOだけでもできなかったことです。

もちろん、条約で禁止することと廃絶することとは違います。法律をつくっても、自動的に犯罪がゼロになるわけではありません。それでも、国際社会で初めて核兵器を「悪いもの」と定める条約ができたことは、核廃絶に向けて大きな一歩となりました。


みなさんが日々の暮らしの中で、核兵器の脅威を感じる機会はないかもしれません。しかし、世界には無数の核兵器があり、ある日突然、警告もされずに核による破局がやってくる可能性があります。二〇一八年一月、ハワイで弾道ミサイルが迫っているという誤報が流れました。誤報だと分かるまでの四〇分間、人びとはひどい恐怖にさらされました。自分の家族にお別れのメッセージを送った人もいました。こんなことが実際に起きてもおかしくない世界に、僕たちは生きているのです。僕たちには、もっとよい世界に生きる権利があります。そして、そのために声を上げる力もあります。

核兵器は、人類を絶滅させることのできるいわば「自殺兵器」です。そんな危険なものをいつでも使える状態にしたまま生き続けるのは、まったく合理的な選択ではありません。最終的に人類は、核兵器をなくしていくはずです。問題はそれが「いつか」ということです。

ＩＣＡＮのベアトリス・フィン事務局長は、ノーベル平和賞の受賞スピーチで、聴衆に「私たちの終わりか、核兵器の終わりか」と投げかけました。「核兵器が終わりを迎える前に、もう一度使われてしまえば、世界が終わってしまう。その前に、核兵器をなくさなければならない」というメッセージです。核兵器の問題は、僕たちがどんな未来を選択するかという問題なのです。

よく考えてみると、世界中で無名の市民が集まり、核兵器を禁止する条約をつくる議論を進めるＩＣＡＮの取り組みは、夢ものがたり、はたまた冗談のように聞こえたかもしれません。でも、僕たちは大真面目に取り組みました。僕たち自身にも、条約ができるか分からないときがありました。それでも、「自分たちにはできる」「絶対できる」と言い続けて、本当に実現してしまいました。普通の人たちの力で、世界を動かしたのです。

もちろん、言い続けるだけでは達成できませんが、言い続けたからこそ実現できたことは確かです。核兵器禁止条約ができたいま、「条約なんてできるわけない」と言っていた人はいなくなりました。でも今度は「条約はできても、核兵器をなくすことはできない」と批判する人がいます。それでも僕たちは言い続けます。「核兵器はなくせる」と。

I can

僕はこれまで、世界中でたくさんの国際会議に参加して、核兵器禁止条約ができていく様子をつぶさに見てきました。この本では、国際交渉の現場で実践を続ける一人のNGO活動者の視点から、みなさんに核兵器の問題や国際社会の現実を伝えたいと思います。その話の中から、核兵器はなぜなくさなければならないのか、そしてどうやってなくしていけるのかについて考えてもらえたら幸いです。

ご存知のように、団体の略称になっている“I can”という英語は、「私はできる」を意味しています。僕たち一人ひとりが声を上げ、行動することによって、核兵器は必ずなくすことができます。でもそのためには、いままで以上に行動する人を増やしていかなければなりません。この本を読んでくれるみなさん一人ひとりが、「私はできる」と感じてこの活動に参加してくれるなら、核のない世界はまた一歩近づいてくるのです。

第1章

被爆者との旅から始まった

核の恐怖のとなりで

よく「核廃絶をめざすようになった理由は？」とか、「なぜ東大を出てＮＧＯ（非政府組織）で働いているんですか？」と聞かれます。なぜ僕が核兵器廃絶のための活動をしているのか、そして政府関係ではなく、草の根のＮＧＯで活動しているのか。

それは、人生の中でいろいろなことがあっていまに至っているので、簡単に説明できることではありません。ですが、まずは僕の個人的な生い立ちについて紹介したいと思います。必ずしも核兵器と関係の深いことばかりではありません。しかし、若い頃に勉強したことや旅に出た経験が、いまの活動に結びついています。また、みなさんが平和や国際問題について考える上で参考になることがあるかもしれません。

東京都中野区で生まれた僕は、地元の区立の小学校と中学校に通いました。中学二年生の夏休みに、父親に広島の平和式典に連れていかれました。いまにして思えば、それが現在の活動の原点になっているのかもしれません。とても暑い中、広島の平和式典にものすごい人数が集まっていたのを覚えています。

僕が広島を訪れた一九八二年当時は、アメリカとソ連（一九九一年よりロシア）という二つの大国が核兵器をもってにらみ合う「冷戦」と呼ばれる時代でした。国連でも軍縮が大きな話題となり、ニューヨークでは核廃絶を求めるデモに一〇〇万人が集まりました。当時の人びとは「いつ核戦争が起きるか分からない」と本気で心配していました。その頃、『ザ・デイ・アフター』（一九八四年）というアメリカとソ連の核戦争を描いたテレビ映画が流行りました。僕自身、「世界は核戦争で本当に破滅しちゃうんじゃないか」と怖くなった覚えがあります。

勉強は嫌いではありませんでした。高校は私立の進学校に通いました。東京大学（以下、東大）への合格者が大勢出るような学校なのですが、形式的なお辞儀や行進はまったくしないという自由な校風で、のびのびと生活することができました。授業でも、どの席に座るかは自由です。普通だったら後ろの方に座るのでしょうが、同級生には勉強を面白がるタイプの人が多く、いつも前の方から席が埋まっていきました。そんな環境で僕が得たのは「意欲をもって自分がやりたいことをやるのは格好いい」という感覚でした。また高校の友だちとは、休み時間などに社会のことや政治の話を熱心にしていました。

部活は水球部に入りました。本当は水泳部がよかったのですが、なぜか水球部しかなかったからです。水球はものすごくハードなスポーツですが、大学も合わせると五年ほど続けることになりました。おかげで、平和活動には欠かせない体力づくりができました。勉強は文系も理系もどれも好きだったので、とれる授業は必修でなくても全部とり、水球と合わせて全部やると二四時間では足りないほど忙しい日々を送りました。

現役で東大に受かったというと「すごい」と言われます。でも僕にとっては、受験勉強がとても大変でつらかったというよりは、勉強にのめり込んで一生懸命やっていたら自然に受かったという感じです。そういうと、受験で悩む生徒さんたちからすれば嫌みに聞こえるかもしれません。しかし実際、物理にせよ世界史にせよ、学校で教わる内容はいずれも興味深く、進んで学んでいく意欲がもてました。点数をとるためにというより、学んでいるうちに点数は後からついてきたという感じです。ですので、受験で苦労したという感覚はありません。

ただ一つ失敗したというか、失態といえることがあります。高校が男子校で、塾にも行きませんでしたから、ほとんど女子生徒と接することのない日常でした。大学受験当日に、当然会場には女子がいるわけですが、女子生徒を見て動揺し、最初の試験科目(たしか国語だったと思います)がうまく答えられませんでした。

当時ははっきりとした将来の目標があったわけではなく、東大に入れるなら入っておいたらいいかな、というくらいに思っていました。法学部に進む文系のコースに入りましたが、明確な進路目標があったわけではありません。東大には、入学当初から将来は国家を背負って活躍したいと考えている人もいたと思いますが、僕の場合はそんなことはありませんでした。ただ、国連に漠然と関心があったことは覚えています。なんとなく海外や世界に関心が向いていたのだと思います。

初めての海外への旅

初めて海外に出たのは、高校を卒業した一九八七年の春です。バックパックを背負って、一カ月ほど中国旅行に出かけました。高校の第二外国語で中国語をやっていたので、そこで学んだ言葉を使ってみようとあちこち動き回る計画でした。また当時の中国は「改革開放」という、国を開いて発展しようという流れの初期の頃で、外国人が少しずつ旅行に入れるようになったばかりでした。南から入国して、西へ北へと、主に列車で中国国内をぐるりとめぐりました。街から街まで汽車で一二時間かかったり、車内で出会った人の家に泊めてもらうこともありました。

当時の中国では、日本人と出会うのが珍しかったのでしょう。僕が通るたびに、あれこれ言葉をかけられました。よくいわれたのは「ソニー」といった企業名だったり、商品名の「ウォークマン」だったり、松下電器の創業者、「松下幸之助」の名前などです。彼らにとって日本は、「経済発展をとげた国」のシンボルで、これから中国も日本のように発展していくんだといわんばかりの意気込みが人びとの中に感じられました。自分がまるで経済発展した国・日本の代表のように見られることに驚き、不思議に思いましたが、外国に行くということはそういう面があるのかもしれません。

各都市には革命記念館があり、かつての日本軍が行った残虐行為や、人民解放軍が日本軍とどう戦ったかについての展示がされていました。日本軍の行為については高校時代に本を読んで知識としてはもっていたと思います。それでも、被害を受けた側による展示はいずれも生々しく、それらを直接見ることはとても鮮烈な印象を覚えるものでした。

それと同時に、展示の最後の方では必ず、日本と戦った勇士を讃える「国家賞賛の物語」になっていることにも気がつきました。なるほど、過去のつらい歴史が、いまの国家を正当化し国民の団結を訴えるために利用されているのだなと思いました。外国人という立場で少し冷めた目で展示を見たから気づいたのかもしれません。僕にとっては、戦争と国家の関係について考えるきっかけとなりました。

戦争直後のイランへ

翌年は、イラン・イラク戦争(一九八〇~八八年)が終わったばかりの中東のイランに行きました。なぜイランに行こうと思い立ったかというと、「戦争をしていた国はどうなっているのだろう?」という単なる野次馬根性だったと思います。イランの首都テヘラン行きの飛行機で、となりに座ったイラン人のおじさんと、たいして言葉も通じないのに仲良くなり、彼の家に一週間くらい泊まらせてもらいました。日本人がイランに来るのは珍しかったようで、そのおじさんと家族には、親戚の家に案内されたり、伝統的なお祭りに参加させてもらうなど、とてもよくしてもらいました。

中東のイランへ一人旅(1988年). 泊まらせてもらった家の人とその親戚宅におじゃました. 左端が筆者

別の家にも泊めてもらいました。そこのおばあさんからは、九歳の孫娘と結婚するようにと真面目に勧められてびっくりしました。やはり日本人が珍しかったのでしょう。ちなみに、中国でもイランでも、僕はたまたまいい人に出会ったので運がよかったのですが、これから旅をする若い人には、知らない人の家に泊めてもらうのは危険なこともあるのでお勧めできません。

テヘランでは，公園(上)やお墓などにも案内してもらった

旅の中では、戦争の生々しい傷跡も見ました。爆撃によって崩れたり穴が空いた家があったり、きらびやかなはずのバザールの入り口が暗く静まり返り、奥の方の店しか開いていなかったり。特に印象的だったのは、泊まった家の親戚のお墓に連れていってもらったとき、墓場のあちこちで泣いている人の姿があったことです。そして「あの人も、この人も家族が戦争で亡くなった」という話を聞かされました。

その後イランから陸路で移動して、アルメニア、アゼルバイジャン、トルコを訪ねました。アルメニアとアゼルバイジャンは領土紛争を抱えていて、町中でデモが行われていました。旅の最後に訪れたブルガリアから帰国するときに空港で拘束されて、荷物や写真を没収されました。なぜだったか分かりませんが、アジアから来たテロリストか何かだと思われたのかもしれません。

こうした旅で経験したさまざまなことが、その後、戦争や国家、国際社会について考えるきっかけになりました。

何のために勉強するのか?

この旅でイランや中東地域にとても親近感をもった僕は、帰国すると大学でペルシャ語のクラスをとりました。ペルシャ語はイランの言葉です。しかしその二年後の夏、僕がまさに旅をした中東地域で問題が起こります。イランの隣国であるイラクが、小国のクウェートに侵攻。それに対してアメリカをはじめとする多国籍軍が戦争をする準備を始めました。旅行でイラクは訪れていませんでしたが、周辺地域の人たちにとてもよくしてもらったので、人ごとには思えませんでした。なんとか戦争を止められないかと考えました。

僕はペルシャ語を勉強している学生なら、その地域に関心があるだろうと思い、この問題について話題にしようと思いました。しかし、クラスメートがまったく興味を示しません。

日本人の先生も、古代ペルシャの話ばかりして、今日の目の前の問題にまったく触れようとしないのです。このとき初めて、僕は勉強というものに拒否感をもちました。現実社会に向き合わず、一体何のために勉強しているのか？と思いました。

僕が進んだ東大法学部は、のちに官僚や法律家になる人たちが多くいます。いわば国家を背負う人たちのはずです。にもかかわらず、戦争が起きそうなときに、学生たちの間で何か議論らしい議論が起きない。教授たちも、そういったことにほとんど触れません。

高校の頃は、弁当を食べながら同級生と社会や世界について議論しました。でも東大では、いまにも戦争が起こるというときに、誰もそれを論じない。僕は、自分一人でも声を上げなければいけないと思いました。

しばらくすると、人数は少なかったものの、戦争を止めるために何かしたいと考える学生が出てきました。彼らと一緒に、戦争反対や自衛隊の派兵反対を主張するビラをまき始めます。やがて、他大学の学生にも声をかけ、戦争反対の活動を大きくしていきました。自分にとっては、これが初めての平和活動になりました。

一九六〇年代から七〇年代にかけて、日本の多くの大学で学生運動が盛んに行われていました。しかし一部の学生が過激化して暴力に走ったことなどもあって、人びとの心は運動から離れていきました。僕が大学生になったのはその一五年くらい後で、ほとんどの大学生は社会的なことや政治的なことに無関心でした。

僕たちは、目の前で起こりそうな戦争をなんとか止めたいという思いで活動しました。そして、その戦争に日本が協力しないよう、各政党を回って要請したり、国会や外務省の前でデモをするなどのアクションを続けました。仲間たちの存在は僕を勇気づけましたが、大学の中で僕たちはとても少数派だったので、周囲から変な目で見られたり、友だちが減ったりしてしまいました。そして残念ながら、一九九一年一月にイラクでは戦争が始まり、多くの一般市民が犠牲になりました。

生々しい現実社会

このような平和活動に没頭しているうちに、仲間たちから他のさまざまな社会問題についても相談が持ち込まれたり、呼びかけられたりしました。それによって僕の活動の範囲は、戦争や平和の問題に加えて、命と人権の問題全般に広がっていきました。僕自身が関わったのは、外国人労働者の権利問題とホームレス支援、そして障害者の生活支援などです。外国人やホームレスを支援する「生命《いのち》と権利をかちとる会」(通称、いのけん)という団体を立ち上げ、小さい事務所を借りて、そこから五年ほど本格的に活動をしました。

当初はまだ学生でしたが、こちらの方が面白かったので、勉強はしなくなっていきました。そのせいで二年留年したのですが、結果的になんとか卒業することはできました。困ったのはお金です。「いのけん」は、お給料の出ない任意団体でした。その活動だけでは生きていけません。友だちに紹介されて始めた身体障害者の在宅介助を、最初はボランティアでやっていたのですが、のちに介助料を収入として得るようになりました。それを糧にして生活しながら、他の時間を使って平和や人権の活動を続けました。

ホームレスの支援では、新宿と渋谷で炊き出しを配ったり、状況を聞き取ったり、命の危険がある場合は救急車を呼びました。でも、ホームレスは病院で受け入れてもらえなかったり、たらい回しにされることもしばしばありました。また、僕は親族でも何でもないので、病院で「あなたは何者ですか?」と怪しまれることもありました。

外国人労働者の権利問題では、主にイラン人が対象でした。当時、原宿の代々木公園には、出稼ぎのイラン人男性がたくさん集まっていました。彼らの多くは建設現場で働いていましたが、雇い主から賃金を支払ってもらえないなどの問題をそれぞれ抱えていました。そこで日曜日に公園に集まっているイラン人たちにチラシをまくと、次々と相談が舞い込んでくるようになりました。

賃金未払いの話があれば、会社まで一緒に行って交渉をしました。下請けの会社の社長や親方の自宅に行って、借金取りのようなことをしたこともあります。当時二〇代前半だった僕にとって、そういう所に乗り込んでいくのは率直に言って怖いことでした。また、乗り込んでみると、雇用主である彼らもお金がなくて困っており、話を聞いてみると、彼らも下請け業者として被害を受けているという側面がありました。加害と被害は裏表だということをこのとき学びました。なかなか解決しないケースでも、労働基準監督署にもち込むことで解決できた場合もありました。

被害者である外国人労働者の側にも、いろいろな人がいます。熱心に通訳の手伝いをしてくれて、僕自身とても信頼していた人が、周りから多額の金を借りたまま返すことなく、ある日突然行方をくらましてしまったことがありました。また、ひどい労災事故にあって治療を受けていた人が、覚醒剤《かくせいざい》に手を出して捕まってしまったということもありました。その人の場合は、補償のない治療生活の中での強いストレスから薬に手を出してしまったのだと思います。その人が裁判にかけられたときには、証人として出廷して情状酌量《じょうじょうしゃくりょう》を求めました。

長年支援していた人がそういう問題を起こすと、僕としてはやはりショックですし、裏切られた気持ちがします。しかしそこで学んだことは、そもそも世の中に善人と悪人というのが最初からいるのではなくて、社会にあるさまざまな問題の中で、人は良いことも悪いこともしてしまうという現実でした。

平和や人権の運動やNGO活動をやっていると、「あいつらは理想主義者だ。社会の現実を知らない」なんて言われることがあります。しかし僕の場合はむしろ、こうした活動の中で、生々しい現実社会をたたき込まれたと思っています。

身も心もすり減らして

何年かそういう活動を続けましたが、だんだんとお金が厳しくなっていきました。外国人労働者を支援する活動では、オーバーステイ(不法滞在)している人が東京の十条や、茨城県の牛久《うしく》にある入国管理局の施設に収容されていました。賃金未払いのまま強制送還されてしまうと、働いたお金をもらえないまま帰国してしまうので、その前になんとかしたいと、何度も牛久に通いました。その交通費は全部自費でした。また、「いのけん」の事務所は、他の小さな諸団体と共同で借りていたのですが、お金の管理は僕がしていました。しかし、仲間なのに、決めたとおりにお金を払わない人も結構いました。そのため管理・運営は大変なことでした。

さらに肉体的、精神的にも疲労が重なりました。特につらかったのは、冬の寒い日に渋谷駅でホームレス支援の炊き出しをしたときのことです。酔っ払ったホームレスのおじさんに、「いのけん」の名刺とともに炊き出しを渡しました。すると、同じく酔っ払ったサラリーマンにからまれました。彼は「なんでこんなヤツを助けるんだ！」と叫びながら、僕をぶん殴り、髪の毛を引っ張ってぐるぐる回しました。髪は束になって抜けました。反撃をすると騒動になってしまうので、僕はぐっとこらえました。

疲れはててアパートに帰ると、病院から電話がきました。「あなたの名刺を持ったホームレスの人が、集中治療室にいるので来てください」というのです。殴られる前に名刺を渡したおじさんでした。集中治療室に行き、面会したしばらく後に、彼は亡くなりました。自分は何をしているんだろう、とやりきれない気持ちになりました。

水球で鍛えた体力には自信がありましたが、そんな毎日の繰り返しの中で、身体も心もボロボロになっていきました。「もうムリだ！」と絶望したり、「助けるなんてできない」と精神的にも荒れて、まともな活動ができなくなっていきました。そんな期間がしばらく続きましたが、だんだんと体調を回復してきた頃に、たまたま出会ったチラシに、釘づけになりました。そこには「プロフェッショナルとして平和に取り組む」ということが書かれていました。

平和のプロになる

チラシは、「ピースデポ」という新しく立ち上がるNGOのものでした。NGOとは、「非政府組織」といわれるように政府関連でも企業でもなく、お金を儲けることを目的とせず、社会をよくするために活動する市民団体のことです。一般的にNGOという場合は国際的な活動をしている団体を指すことが多いように思います。

ピースデポの設立理念は「平和のためのシンクタンクを市民がつくる」というものです。シンクタンクというのは、各国の政策を調査、分析して、あるべき政策を国や政府などに提言する組織のことです。それまでの市民運動は、当時の僕がやっていたような、ボランティアで頑張るスタイルでした。でもこの団体はそのイメージを打ち破り、お給料をもらいながら、プロとして仕事をすることで社会を変えるというものでした。僕は「これは面白そうだ」と共感して、さっそく連絡しました。すると、これまでの活動経験が評価されたからか、スタッフになることができました。こうして僕はピースデポが発足した一九九八年から、初めて平和活動でお給料をもらう立場になりました。

この一九九八年は、日本で「特定非営利活動促進法」(以下、NPO法)という法律ができた年でもあります。NPOというのは非営利組織のことで、それまでは任意団体として活動していましたが、これを国が法的に認め支えていこうとする流れから法律ができました。きっかけは、一九九五年に起きた阪神・淡路大震災です。たくさんの団体がボランティア活動を開始しましたが、支援が長引くことで、支援する側がいつまでも持ち出しでやるのは厳しい状況になりました。その現場からの声が、NPO法制定の流れをつくりました。発足したばかりのピースデポも、NPO法人として登録しました。

ピースデポで学んだことは、ただ「平和がいい」とか「戦争反対」といったスローガンを掲げるのではなく、そのために何をすべきかを政府に具体的に提案したり説明することの大切さでした。海外にはそういう活動をする団体がたくさんありましたが、当時の日本にはほとんどありませんでした。

ピースデポは平和に関わるさまざまなテーマを取り扱っていましたが、僕は核兵器の問題を担当することになりました。それまで平和や国際問題についてある程度関わってきましたが、核問題に本格的に携わったのはこのときが初めてです。ピースデポの活動は、僕がそれまでやってきた、路上の人びとの生き死にに直接携わるような活動とは大きく異なっていました。調査や政策提言、そして国際会議に出席して各国政府と議論したり、海外のＮＧＯと情報交換するなど、高い専門性をもつ形で核軍縮政策と向き合いました。プロフェッショナルとして、核問題に体系的に取り組めたことは、自分にとって新鮮で、たくさんの学びがありました。

また、世界にはプロとして平和や軍縮に取り組む団体がたくさんあることにも驚かされました。海外のＮＧＯがもつ情報量の多さ、影響力、政府と対等に渡り合う姿勢に、とても刺激を受けました。当時はまだＩＣＡＮはありませんでしたが、ＩＣＡＮの先輩にあたるような団体がたくさん活躍していました。

影響を与えてくれた人

僕がもっとも強く影響を受けた何人かの一人に、イギリスのレベッカ・ジョンソンさんがいます。レベッカさんは、ヨーロッパの反核運動のリーダーとして、一九八〇年代から活躍してきました。現実を変えるためには外交官に影響を与える必要があると感じた彼女は、九〇年代に入り核軍縮を専門とするＮＧＯ「アクロニム研究所」を創設します。僕が彼女に初めて会った国際会議では、各国政府の代表が彼女のところにひんぱんに意見や情報を求めに来ていました。政府を尊重しながら、批判すべきところは厳しく指摘するその態度が、各国政府からも信頼されていたのです。カリスマ性と交渉力、幅広いネットワーク、そして力強いスピーチなど、どれをとっても彼女にかなう人はいないと思いました。レベッカさんの姿勢や取り組みを見ながら、尊敬したし、魅力を感じました。

僕とレベッカさんは、そのだいぶ後になって、ＩＣＡＮの運動に共同代表として深く関わることになります。現在では彼女も高齢になり、現場のリーダーというわけではありません。それでも、彼女の存在は、僕をはじめＩＣＡＮのメンバーらにとってお手本になってきたことは確かです。

被爆者とともに世界を回る船旅へ

ピースデポでの五年間で学んだことはとても多く、感謝していますが、一方で「専門家の世界で専門的に活動しているだけでは広がらない」というジレンマも感じていました。そんなときに声をかけてくれたのが、ピースボートというＮＧＯでした。ピースデポと名前は似ていますが、別の組織です。

一九八三年に設立されたピースボートは、船旅を通じて、国際交流をしている団体です。大型客船をチャーターして、ときには一〇〇〇人単位の参加者とともに、地球一周などの船旅を実施しています。その過程で、紛争が起きた地域などの現場を訪れ、国際社会の問題に直に触れる機会がたくさんあります。以前、ピースボートに洋上講師として乗船したことがある僕は、平和や核の問題について多くの人に広げていくには格好の場所だと感じていました。

僕は、二〇〇三年からそのピースボートで働き始めます。そしてピースデポ時代に培った知識や情報調査の手法を活かして、船の上や世界の港などで、一般の人たち向けに核問題や平和について語り、並行して平和教育のプログラムをつくりました。乗船しているほとんどの人は、世界の問題に関心はあるけれど、特別詳しいわけではありません。そこで専門家にしか通じない話をしても、誰も耳を傾けてはくれません。ですからプログラムの作成にあたっては、工夫を凝らしました。またそれと同時に、国際会議に参加して軍縮について政策提言をする活動も継続することになります。ピースボートは国連に正式登録したNGOだったので、国連で開かれる国際会議に参加する機会も増えました。

僕にとってもピースボートにとっても大きな転機となったのが、二〇〇八年から始めた

「おりづるプロジェクト(通称)」です。正式名称は、「ヒバクシャ地球一周　証言の航海」で、その名のとおり広島・長崎の被爆者の方たちに船に乗っていただき、世界各地で証言会を実施するプロジェクトです。一九八三年に創設されたピースボートの二五周年記念事業として、世界の人びとに被爆者の話を届けようということになりました。

いまから一〇年前の二〇〇八年当時、広島と長崎に原子爆弾(以下、原爆)が落ちてすでに六〇年以上が経過していました。それでも、世界各国では、被爆者の証言は新鮮な驚きをもって受け入れられました。二〇〇八年の船旅で一〇〇人の被爆者とともに証言しながら世界を回ったところ、各地の証言会で、僕たちの想像をはるかに超える反響が待ち受けていました。まず被爆者が船を降りると、すぐにテレビカメラが待ち構えています。各地で記者会見を実施して、数多くの現地メディアで取り上げられました。

証言会で、聴衆は食い入るように熱心に話を聞き、証言が終わると、次々と質問の手が挙がりました。舞台を降りると握手を求められ、一緒に写真を撮ろうとお願いされました。被爆者がまるでスターのような扱いです。反響の大きさは特定の国だけでなく、ほとんどの国で共通していました。

考えてみると、世界では原爆が投下されたヒロシマ・ナガサキという地名を聞いたことが

ピースボート「おりづるプロジェクト」に日本各地から乗船した参加者たちと横浜港で記念撮影(2017年4月)．後列右から3人めが筆者

あっても、実態を知る人は多くありません。その原爆被害を生き抜いた方と会い、話を聞ける機会は一生に一度だろうという興奮があったのだと思います。

当初はこの一回だけで終わりにしようと思っていたのですが、反響のあまりの大きさから、おりづるプロジェクトは毎年のように続けることになりました。二〇一七年末までに、一〇回の船旅でのべ一七〇人以上の被爆者の方たちとともに旅をしました。一回の船旅で約二〇カ国を回ります。証言を伝えた相手の数は、数えきれませんが、のべ数万人という単位です。

これまでの一〇年間で被爆証言会を実施した場所、聞いてくれた人びとは実にさまざまです。ニューヨーク州の国連本部、スコットランドの議会、ペルーの貧困地区のコミュニティセンター、ヨルダンにある難民キャンプなどなど。駆けつけた人びとの中には、キューバのカストロ元議長や、二〇一六年にノーベル平和賞を受賞したコロンビアのサントス大統領もいました。さらに、仏領ポリネシア・タヒチの核実験被害者、ベトナムの枯葉剤被害者、ホロコーストが行われたアウシュヴィッツ強制収容所で奇跡的に生還した人たちなどと、広島・長崎の被爆者が交流する機会もありました。また、原爆投下を指示したアメリカのトルーマン元大統領の孫とも出会い、船上で交流しています。

心が動いたのは、現地の人だけではありません。ピースボートに乗船して「おりづるプロジェクト」に参加したことをきっかけに、人生で初めて人前で被爆体験を語るようになった被爆者の方々も少なくありません。この人たちは、まさに世界の人びとの熱気に突き動かされ、「こんなにも必要とされているんだ」と肌で感じたのです。

さらに船を降りてから積極的に行動し始めた人たちもたくさんいます。僕からすると、これまで証言をしていなかった方ほど、活動し始めると爆発的なパワーを発揮しているように思えます。七五歳で船に乗って初めて証言した方は、八五歳になったいまも元気に、バリバリと証言活動を続けています。核廃絶への署名活動を自ら進めるようになった方もいます。

世界をめぐることで、証言する人と聞く人とがお互いに刺激を与え合い、その後の活動につながっていく「おりづるプロジェクト」の取り組みは、今後も続けていきたいと思っています。

本当の核被害を知らなかった僕

僕は核問題にずっと携わってきましたが、自分自身が本当の意味で核の被害に向き合ったのは、こうして船で被爆者の方たちと旅するようになってからです。それまでは主に政策や政治の問題が中心で、被害について頭では理解しているつもりでしたが、生身の人間の物語として実感できていなかったと思います。これまで一七〇人以上の被爆者のみなさんと旅をして、ほぼ全員の証言を聞きました。当たり前ですが、一言で被爆者といっても、一人ひとりまったく異なる人生があることを実感しました。ここでは、そうした船旅や関連する活動で出会った被爆者の方の中から、ほんの一部の例だけ紹介します。

〈奇跡的に助かった三宅さん〉

ピースボートに何度も乗ってくださっている広島の三宅信雄さんは、被爆当時は一六歳の

広島で被爆した体験を語る三宅信雄さん．被爆当時は16歳だった

高校生でした。ピカッという閃光《せんこう》が走ったとき、彼は満員の路面電車に乗っていました。三宅さんは背が低く、周りの大人たちに埋もれるように立っていたため、熱線で焼かれずにすみました。さらに猛烈な光を「電気がショートした」と勘違いして、感電しないよう慌てて電車から飛び降りました。そのことが、直後にやってきた爆風から身を守りました。

気を失った三宅さんが目を覚ました後に見た光景は、凄惨《せいさん》そのものでした。着ているものはほとんど焼け、全身やけどをした幽霊のような人たちの群れが「熱いよう！」「痛いよう！」とうめきながら、三宅さんの方に向かって歩いてきました。身体の皮がむけ、手首で引っかかってダラリと垂らした姿は、若者か老人か、男性か女性かも区別できず、人間とは思えなかったといいます。

突然襲った大惨事により呆然《ぼうぜん》となった三宅さんの記憶が回復したのは、すでに夕暮れどきでした。まだあちこちに残り火が燃え、川にはたくさんの死体が浮かんでいました。火に追われ、やけどの痛みに耐えかねて川に飛び込み、溺《おぼ》れ死んだ人たちの最期でした。広島は、朝までの平和な街並みからは想像もできない地獄絵図になっていたのです。

幸運が重なり、三宅さん自身は熱線や爆風、放射線による被害が比較的少なくすみました。しかし、倒れた家の下敷きになって動けなくなったお母さんや、電車に乗っていた周りの人たちなど、大勢の身近な人たちが傷ついたり亡くなる様子を目撃しました。

その後、被爆者団体の事務局長も務めた三宅さんのお話から、「たまたま生かされた自分が、被爆体験を伝え続けなければならない」という強い使命感を感じました。

〈家族を失った深堀さん〉

原爆で、家族のほとんどを失った人がいます。当時一四歳の深堀譲治さんは、長崎の中学生でした。当時は、中学生も軍需《ぐんじゅ》工場で働かされていました。八月九日の朝も、いつものようにお母さんに「行ってきます」と元気よく叫び、工場に向かいました。まさかそれが最後の別れになるとは思ってもいなかったといいます。原爆投下は爆心地から三キロメートル先の工場で迎えました。突然ピカッと光って、何もかもがピンクに染まりました。爆風で建物が崩れましたが、深堀さん自身には大きな怪我《けが》はありませんでした。

しかしお母さんのいた自宅は、爆心からわずか六〇〇メートルの場所でした。翌日の明け方から山を越え、なんとかたどり着いた実家は跡形もなく、二〇センチくらいの灰が積もっていました。燃えてしまったのです。そして灰の中に「どす黒い身体になったお母さん」の遺体を見つけました。深堀さんは「あっ！」と言ったきり、言葉が出ませんでした。

その後、弟の一人と妹の遺体も自宅近くで見つけました。さらに生きて再会できたもう一人の弟も、次第に容態が悪化して一週間後に亡くなりました。最期の言葉は「兄ちゃんは死ぬなよ」だったそうです。深堀さんは、家族四人を失ったつらい体験を思い出したくないため、被爆証言を頼まれても長らく語ることはありませんでした。しかし二〇〇九年になり、「残り少なくなった被爆者として、自分が知っていることを話さなくては」という意識が強くなり、証言を始めました。

深堀さんの話からは、もし自分が一四歳のとき家族みんなが亡くなったらどうしていただろうとか、僕自身の子どもがちょうどそれくらいの年齢なので、この子だったら生きていけるだろうかとか、原爆投下後の人生についても考えさせられました。

〈生きる勇気を選んだ下平さん〉

長崎の下平作江さんは、一〇歳のとき爆心地から八〇〇メートルほどのところにある防空壕で被爆しました。二歳年下の妹さんと一緒でした。閃光に包まれた直後に、爆風で岩に叩きつけられて意識を失いました。妹とともになんとか助かったものの、壕の中は、黒焦《くろこ》げの人や腸が飛び出た人、血まみれの人でいっぱいでした。翌朝、お父さんに助けられましたが、外に出るとお姉さんとお母さんが亡くなっていました。

その年の年末から、焼け野原に建てたバラックで生き残った人たちとの共同生活が始まりました。貧しくて、食べるものも電気もなく、人間らしい暮らしができなかったといいます。妹さんは病気を患いましたが、治療するお金もありません。ずっと亡くなったお母さんを恋しがっていた妹さんは、被爆から一〇年たった一八歳のとき、電車に飛び込んで亡くなりました。下平さんも続こうと思いましたが、ギリギリのところで思いとどまりました。つらい人生を生き続ける勇気を選んだのです。

下平さんはその後、同じく被爆者の方と結婚しますが、二人とも被爆の影響と思われる病に苦しみ、何度も手術しなければなりませんでした。しかし周囲の理解はなく、体調を崩して仕事を休めば「怠け者」と陰口を叩かれました。病院では、別の患者の見舞い客から被爆者が治療費の優遇を受けることについて「被爆者はよかねー」と露骨《ろこつ》に嫌みを言われたそうです。そんな中でも下平さんは言います。「いまは生きていてよかったと心から思います。死ぬ勇気ではなく生きる勇気を選んでよかった。大好きだった妹も、私が生きていてよかったと言ってくれると思います」。

被爆者の方たちが戦後に受けた差別には、すさまじいものがありました。下平さんの体験からは、原爆から生き残っても戦後も長く苦しんだ事実を思い知らされました。

〈朝鮮人の被害を伝える李さん〉

広島や長崎で被爆した人の中には、日本人だけでなく外国から来た人たちも含まれていました。特に当時日本の植民地だった朝鮮半島からは、多くの人たちが日本に働きに来たり、なかば強制的に連れてこられたりしていました。広島と長崎では、総数七万人ともいわれる外国人が被爆したとされ、その多くは朝鮮の人たちです。李鐘根《イ・ジョングン》さんは、その二世でした。

李さんは、朝鮮半島から日本に渡った両親のもと、島根県で生まれ、日本名を使って生きてきました。それでも、朝鮮人であることが分かると露骨ないじめにあいました。広島で被爆したのは一六歳のときです。熱線をまともに浴び、顔や首、手などにやけどを負って、一カ月の間生死の境をさまよいました。お母さんは、苦しむ李さんがあまりにかわいそうで

「もう生きてても仕方がない。はよう死ね」とまで言ったそうです。

奇跡的に一命をとりとめ職場に出向くと「原爆がうつる」などと言われて差別され、やむなく仕事を変えました。李さんは、その後は被爆者であることも在日朝鮮人であることも隠して生きてきました。特に被爆については、奥さんにも三人の娘さんにも長い間、伝えてきませんでした。しかし、二〇一二年にピースボートに被爆者として乗船する際「日本人以外も被爆した事実を知ってほしい」と、初めて実名で被爆証言を始めました。

日本に植民地として支配されていた朝鮮半島では、広島と長崎への原爆投下は「自分たちを解放してくれた爆弾」と受け止められている側面があります。李さんの「日本は被害者という視点だけで核廃絶を語るのではなく、アジアへの加害責任も忘れてはいけない」という指摘は、日本が戦時中に苦しみを与えたアジアの人びとに対してどのように原爆被害を伝えていくのかを考える上で、とても大切なものです。

被爆者一七〇人の証言を聞いて

現在、被爆者と認定されている方は約一六万人います(二〇一七年現在)。たった二発しか使用されていない原爆の影響で、七〇年以上たったいまも苦しみ続けている人が大勢いるのです。被爆による直接的な苦しみ、その後に長く続く病気などの被害はもちろん、心理的なトラウマや、周囲の無理解による社会的差別なども合わせて、原爆被害の影響はきわめて複合的なものです。被爆証言と聞くと、原爆が落ちた「あのとき」だけの話ととらえられがちですが、その後の人生で受けた苦しみは、人の数だけ違いがありました。

多くの人たちの話を聞いて僕の印象に残ったことは、どの被爆者の方も、誰かしら「置いてきた人」がいるということです。家族であれ、友人であれ、たまたま出会った人であれ、あのとき失った人たちを思い浮かべながら「その人たちの分まで生き残った自分が語らなければ」と思って、彼らは語り続けています。

先に述べたように、ピースボートに乗船して初めて被爆体験を語った人もいます。誰だって、つらいことは思い出したくはありません。また、被爆者であると分かれば差別されることも多く、それが理由で家族にすら明かせなかった人も大勢います。しかし戦後長い期間がたち、定年退職したり、子どもたちが独立するなどして、人生の転機を迎えたことをきっかけに語り始める人も少なくありません。「語れる被爆者の数がもう少なくなってきたから」と言って語るようになった人もいます。そのような被爆者の方たちとの出会いが、僕の核問題への認識を深めてくれました。

かつて被爆者の方から、こんなことを言われました。「原爆というとみなさんはキノコ雲を想像するでしょう。でも被爆者はキノコ雲なんて見ていません。あれは米軍の飛行機が上から撮影した写真で、下にいた人たちは突然光って吹き飛ばされ、意識を失ったり、黒焦げになったんです」。

キノコ雲の写真を見るだけで、分かったつもりになっている人が多いかもしれません。しかし本当の意味での原爆の実態は、キノコ雲の下にいた被爆者の証言に真摯《しんし》に耳を傾けて初めて分かることがあるのです。

被爆者の声を聞ける最後の世代

よく「核兵器をなくすために私たちに何ができるでしょうか？」と質問されます。僕は何より初めに、被爆者の話を聞いてほしいと思っています。原爆が投下された一九四五年から、今年(二〇一八年)で七三年がたちます。原爆が落ちたその日に生まれた子どもが、いまは七三歳になっています。でもその日に生まれた子どもは、被爆体験を語ることができません。しっかりとした記憶がある方は、すでにみなさん八〇歳以上になっています。あまり高齢になってしまうと、しっかりと語れない場合もあります。そのような意味で、みなさんは被爆者の体験を直接聞ける人類最後の世代といえるでしょう。一〇年後には、もう話を聞くことはできません。でも、いまならまだ間に合うのです。

みなさんの中には、もしかしたら「核兵器は必要なんじゃないか」と思っている人もいるかもしれません。たとえそうであったとしても、核兵器の恐ろしさを生身で体験した被爆者の話を真剣に聞いた上で、一から考えてほしいと思います。そこに向き合わず「分かったつもり」になって、世界情勢を分析して「核兵器は必要だ」とか「核の傘は必要だ」と思っているとしたら、本当に核問題について理解していることにはなりません。まずは核兵器による無残な殺戮《さつりく》を生身で体験した人の話を聞き、心で感じてほしいと思います。

ここまで紹介したように、ピースボートは被爆者とともに世界をめぐり証言会を実施するプロジェクトを続けてきました。でも被爆者の高齢化によって、船に乗船できる人は年々減少しています。それでも僕たちは、やれるところまでこのプロジェクトを続けていきたいと考えています。

ただ、一つ問題があります。船旅では被爆者とともに証言会をつくっていく若者(ユース)も募集しているのですが、ユースがなかなか集まりません。これは本当にもったいないことです。被爆者とともに生活して、世界を回りながら、いろいろな現場で証言会を一緒につくっていく。世界では、被爆者の話を聞きたいと熱烈に願う人たちとの出会いもあります。こんなに貴重な経験は、なかなかできるものではありません。まず被爆者の話を聞き、自分に何ができるかを考えてください。そしてもし、世界中で被爆者とともに証言会をつくる体験に興味があるのなら、いつでも僕やピースボートに連絡してもらえたらと思います。

第2章

「核兵器」問題って何だ？

核兵器とは何か？

核兵器とは何でしょうか？　普通の兵器とはどう違い、どんな問題があるのでしょうか？　この章では、核兵器の歴史やその被害の実態を整理し、核兵器の何が問題なのかを考えてみます。耳慣れない用語や専門的な話も出てくるかもしれませんが、できるだけわかりやすく書くようにします。

核兵器とは、「濃縮ウラン」や「プルトニウム」という核物質を使った原子爆弾（原爆）と水素爆弾（水爆）のことです。これらは、原子力がもつ膨大《ぼうだい》なエネルギーを兵器に利用したものです。原子核が分裂することを核分裂といいますが、原子爆弾は、核分裂を連鎖反応的に起こして、これにより放出される大量のエネルギーを用いる爆弾です。水素爆弾は、爆発が二段階で原爆よりもさらに大きな威力をもちます。最初の爆発は原爆と同じシステムで起こし、その後に核融合爆発を起こします。このような核分裂や核融合による爆発を核爆発といいます。核兵器は、核爆発を用いた兵器なのです。

核兵器は、他のさまざまな兵器とはまったく異なる存在です。理由は、桁《けた》違いの破壊力と

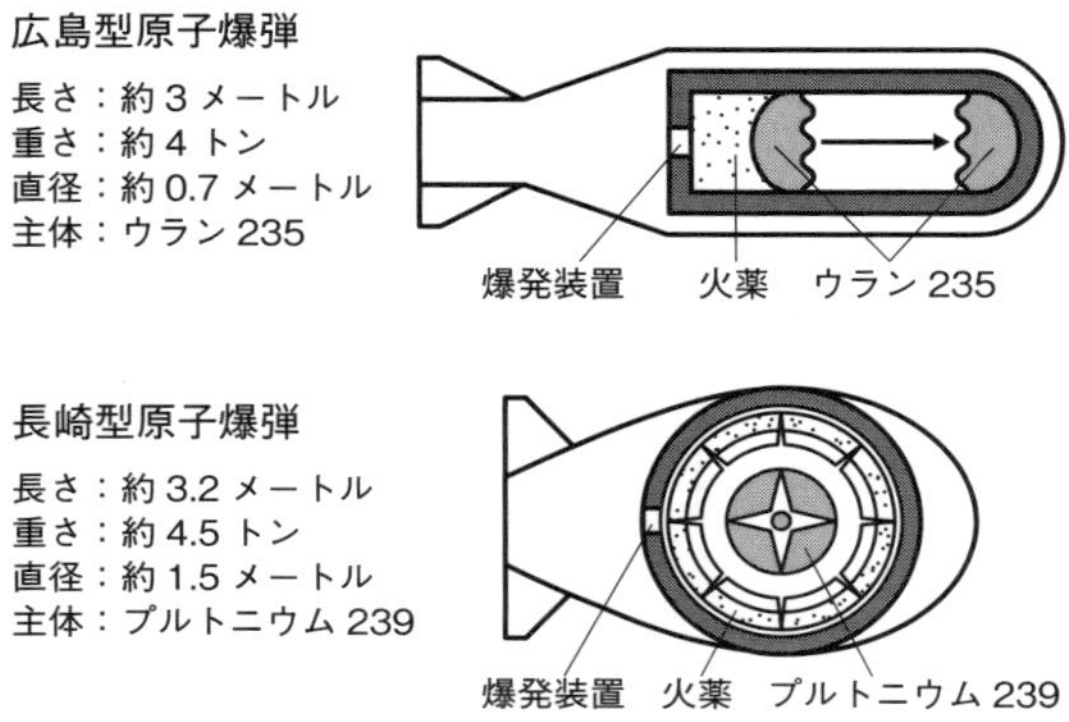

図1　原子爆弾の模式図（ヒロシマ・ピースサイトのホームページをもとに作成）

爆発後も残る放射線の影響にあります。世界で初めて原爆をつくり上げたのはアメリカです。アメリカは、「マンハッタン計画」という名で、極秘のうちに優秀な科学者たちを集め、莫大《ばくだい》な資金を投じて開発に成功します。そして第二次世界大戦末期の一九四五年にアメリカ国内で核実験を行った後、日本の広島(八月六日)と長崎(八月九日)に原爆を落としました(図1)。たった一発で一つの都市を消し去るほどの破壊力をもつ原爆の登場により、戦争についての世界の認識は一変しました。

原爆投下により、広島では一四万人、長崎では七万四〇〇〇人が亡くなったとされています。この数字は、原爆が投下された八月から一二月まで五カ月間の死者数の推計ですが、

1945 年 11 月当時の広島県産業奨励館（原爆ドーム）と爆心地付近．街は焼き尽くされた（広島平和記念資料館提供，米軍撮影）

当時広島に住んでいた人の約四割、長崎では約三割の人たちが亡くなったことになります。

爆風、熱線、放射線

核兵器の死亡率が他の兵器よりも圧倒的に高い理由は、爆風、熱線、放射線の三つが関係しています。爆発の現場では、激しい爆風と熱線が人びとを襲います。爆風は、人や建物を含めてあたりにあるものすべてを吹き飛ばします。熱線は、爆心地に近かった人を溶かして蒸発させるほどの高熱になります。さらに爆風と熱線により火事が起こり、広島では爆心地から半径約二キロメートルが完全に焼き尽くされました。

さらに放射線が、爆風や熱線から逃れた人

たちにも襲いかかります。爆発のとき爆心地付近にはいなかったけれども、のちに家族を捜して市内に入った人たちや、爆心地付近から外に避難してきた人たちの救護にあたった人たちなど、大勢が被ばくしました(コラム❶参照)。

放射線被ばくには、空気中の放射線が外から皮膚を通って被ばくする「外部被ばく」と、放射線を放つ物質(放射性物質)が口や鼻から体内に入って身体の内部で被ばくする「内部被ばく」があります。放射線は、人の細胞を遺伝子レベルで傷つけます。放射線を大量に浴びれば、人は死亡します。吐き気、嘔吐《おうと》、下痢、発熱、脱毛、紫斑《しはん》などの症状が出てから死に至ります。こうした症状を急性障害といいます。広島と長崎では、この急性障害により亡くなった方が多数いました。

こうした急性障害とは別に、放射線による長期的な影響があり、その最たるものとしては、ガン、白血病《はっけつびょう》、甲状腺《こうじょうせん》機能障害などが挙げられます。急性障害から回復した人がのちにこうした病気になったり、また、浴びた放射線の量が比較的少なかった場合にものちに同様の病気を発症したりします。

ガンや白血病は、原爆に被爆していなくてもなる病気です。そのため、一人ひとりの事例をとって、その人がガンになったのは原爆の影響であるという因果関係を証明することは難しいのです。しかし、数多くの被爆者の統計をとると、通常よりもこうした病気の発生率が高いことが分かっています。そして広島と長崎では、被爆して何十年もたってからガンが増えたというデータもあります。

僕の知り合いの広島に住む被爆者の方は、重複ガンを患っています。重複ガンとは、一カ所のガンが転移するのではなく、同時にあちこちにガンができることをいいます。全身の細胞や遺伝子が傷つけられているため、このようなことが起きやすくなります。その方は原爆によって大量の放射線を浴び、遺伝子の染色体に異常が起きていました。そして六〇歳を過ぎてから身体のあちこちでガンが見つかり、合わせて二〇回以上の手術を受けることになりました。被爆から七〇年以上がたったいまでも、放射線によって多くの人が苦しんでいるのです。

なお、このような特徴をもつ核兵器は、「大量破壊兵器」に分類されています。大量破壊兵器には他にも、細菌などを使った「生物兵器」や、毒ガスなどの「化学兵器」があります。生物兵器は一九七〇年代に、化学兵器は一九九〇年代に、国際的に禁止する条約がつくられています。ところが、生物兵器や化学兵器と比べても、破壊力や影響力が桁違いに大きい核兵器は、禁止されてきませんでした。そこには、核兵器だけがもつ特殊な事情が関係しています。

世界は核戦争の危機に

アメリカ国内では「広島と長崎への原爆投下は、戦争を終わらせるために必要だった」という説が支持されています。しかし、アメリカが日本に原爆を投下したとき、すでに日本は戦争に負ける寸前でした。現在、歴史家や核問題の専門家の間では、アメリカが原爆を投下した真の理由は、戦後の世界で優位に立つために、その力を誇示したかったからだという見方が主流です。

広島に初めて投下されたときから原爆は、「もっているだけで戦略的に優位に立てる兵器」という特殊な役割を与えられてきました。そのため、アメリカと緊張関係にある国や、大国をめざす国が、その後こぞって核兵器開発に力を入れることになります。

第二次世界大戦後の世界で、アメリカと激しく対立していたのはソ連(当時)です。ソ連は一九四九年に核実験を成功させ、世界で二番目の核保有国となりました。続いてイギリスは一九五二年、フランスは一九六〇年、中国は一九六四年に核実験を成功させ、この時点で五カ国が核兵器を保有することになりました。この五カ国は、戦後誕生した国連で強い権限をもっている安全保障理事会の常任理事国とも重なります。こうして国際社会で力をもっている国すべてが、核兵器も保有するという状況が生まれました。

アメリカとソ連は、特に数多くの核兵器を保有していました。二つの国は、政治・経済・社会のあるべき姿についての考え方がまるで違い、アメリカは資本主義、ソ連は社会主義を掲げて、それぞれ仲間になる国を集めて互いに対立していました。アメリカの仲間はヨーロッパの西側に多かったので西側諸国、ソ連の仲間は東側諸国と呼ばれました。日本は西側諸国の一員だったので、もし全面核戦争が起これば、ソ連の核兵器が落とされる可能性がありました。

そのアメリカとソ連を中心とした対立は、実際の戦争にまではならないけれど、常に戦争のような対立状態にあるということで、冷たい戦争＝「冷戦」と呼ばれました。しかし現実には、アメリカとソ連が戦争をしないだけで、アメリカの仲間の勢力とソ連の仲間の勢力による戦争や紛争は世界各地で起きていました。大国の代理のように戦われたことから「代理戦争」と呼ばれています。僕が中高生だった一九八〇年代は、冷戦まっただなかでした。そのときはアメリカとソ連で、合わせて六万発以上の核兵器を保有していました。内訳は、それぞれが半分ずつでした。

世界がもっとも全面核戦争の危機に近づいたのは、一九六二年に起きたキューバ危機です。カリブ海の小さな島国キューバに、ソ連が秘密裏に核ミサイルをもち込もうとしていることが分かります。キューバはアメリカのすぐそばに位置するので、アメリカにとっては脅威でした。核兵器の撤去をめぐり、アメリカとソ連はギリギリの攻防をくりひろげました。幸運が重なったことや、最終的には当時の両国政府が思いとどまったことで核戦争は寸前で回避されましたが、一歩間違えばヨーロッパや日本をも巻き込む全面核戦争になってもおかしくない状況でした。

冷戦が終わり脅威は去ったか？

アメリカとソ連は、なぜ核兵器を六万発というとんでもない数にまで増やしてしまったのでしょうか？　両国とも、初めからそれだけの数をつくろうと計画していたわけではありません。お互いに、相手が増やせば自分たちも負けまいと増やしていったのです。仮に相手に核兵器を撃ち込まれても、それに負けずに報復ができるだけの核兵器を備えておきたい。このような考えが、両国を核の競争へと駆り立てていき、結果として、ものすごい数になってしまったのです。

もし片方の国が核兵器を使えば、結局どちらの国も壊滅的な打撃を受ける。つまり、どちらも破滅することが明らかなので、お互いに怖くて核兵器を使えない。こうした恐怖のバランスによって核を使わないようになる。このような論理を「核の抑止力」といいます。

でも、核の抑止力を維持するためには、相手の核兵器の数や威力を下回らないよう、常に核兵器を維持、製造し、開発し続けなければなりません。そのための費用は莫大です。また、人為的ミスや事故、相手側の誤解などによって意図せず核戦争が始まってしまうリスクもあります。

実はアメリカとソ連の指導者も、六万発の核兵器をお互いに向け合って緊張状態を続けるのは、異常なことだと感じていました。一九八六年、アイスランドでアメリカのレーガン大統領とソ連のゴルバチョフ書記長が会談して、歴史上初めてお互いの核兵器を減らしていこうと話し合いをしました。この会談をきっかけに、アメリカとソ連が歩み寄りを始めます。

そして会談から三年後の一九八九年、ついに冷戦が終わりを告げました。さらに一九九一年にはソ連そのものがなくなり、ロシアという国になります。ソ連が崩壊した原因の一つには、核兵器開発を含む膨大な軍事費をソ連経済が支えられなくなったことがあります。また、ソ連では一九八六年にチェルノブイリ原子力発電所事故が起こります。ソ連だけでなく、ヨ

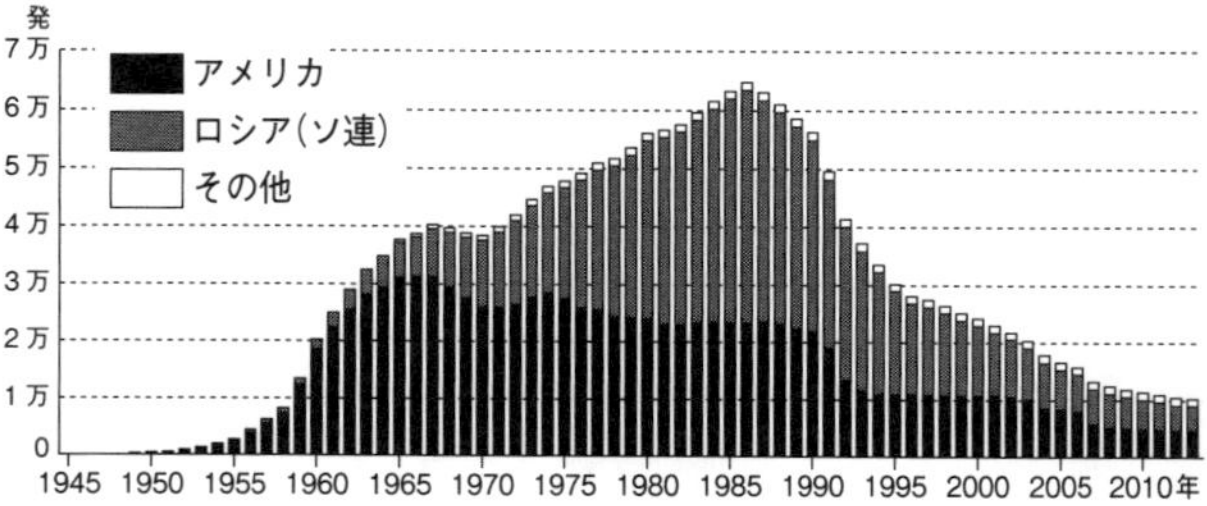

図2　世界の核兵器数の推移．このほかに米ロ両国は，退役したが解体待ちの核兵器を数千発ずつもっている．これを含めると世界の核兵器は 2017 年現在約 1 万 5000 発である（『原子力科学者会報』より）

ーロッパ全域に放射能をまき散らす大規模な事故でした。この事故処理費用もソ連経済の大きな負担になりました。アメリカと並ぶ強大な軍事大国だったソ連は、核兵器と原発といういずれも核に関わる問題で世界から消えたのです。

冷戦が終わったことで、当時の人びとは「これでもうバカげた核戦争の危機におびえなくてすむ！」とホッとしました。世界に六万発あった核兵器は、その後どうなったのでしょうか？　図2を見ると分かりますが、アメリカとロシア（旧ソ連）の保有する核兵器は、一九九〇年代にドーンと減り、だいたい二万発くらいになりました。そのままどんどん減り続けてゼロにまでなればよかったのですが、そうはいきませんでした。

世界の核兵器の数は、九〇年代後半から減り幅が小さくなり、減ってはいるものの、横ばいに近い状態です。今日では約一万五〇〇〇発の核兵器があります。その内訳は、一万四〇〇〇発くらいをアメリカとロシアが半分ずつもち、残りを他の国がもっているという状況です。

核兵器がドーンと減った九〇年代に、もう一つドーンと減ったものがあります。それは核兵器に対する人びとの関心です。僕自身も、高校生のときは核戦争を心配していましたが、大学時代には報道が減ってきたこともあり、忘れ去っていました。人びとの意識の中で、核兵器の問題は過去の問題になっていったのです。

六万発が一万五〇〇〇発に減ったというと、だいぶ少なくなったと思うかもしれません。日本政府の中にも「それだけ減らしたのだから、核保有国も頑張って軍縮している」と評価する人がいます。でも、残念ながら僕は評価できません。この一万五〇〇〇という数字は、世界を何度でも破滅させられる数です。人類を皆殺しにできる数があるのに「六万から一万五〇〇〇になってよかったね」と喜んでいられるでしょうか？

僕の評価を、厳しいと感じる人がいるかもしれません。しかし核兵器の問題は、簡単にいえば二〇世紀という時代が生んだ負の遺産です。アメリカとソ連が軍拡競争を繰り返してエスカレートした結果、六万発というとんでもない数の核兵器をつくってしまいました。ソ連が崩壊して新しい時代になったとき、本来であれば核兵器そのものをなくすべきだったのに、なくせなかった。だから「一万五〇〇〇発に減ってよかったね」ではなく、「時代は変わったのに、まだ一万五〇〇〇発も残っている」という評価になるのです。核兵器の本質的な問題は、二〇世紀型の巨大兵器の生き残りを、二一世紀に持ち越して解決できないままでいることなのです。

新たに核兵器をもつ国が増えた理由

とはいえ不十分ながらも、核兵器の数自体は減ってきました。しかし近年になって新たに核兵器をもつ国が増えています。それが核の広がりを意味する「核拡散」という問題です。主に冷戦後、それまで核兵器をもっていた五カ国以外の国で、核開発が盛んになりました。新たに核兵器をもったのは、イスラエル、インド、パキスタン、北朝鮮の四カ国です。インド、パキスタンは一九九八年に、北朝鮮は二〇〇六年に核兵器を保有しました。イスラエルは、遅くとも一九七〇年代には核を保有していたとされています。合計すると、実質的な核保有国は九カ国に増えています(二〇一八年六月現在)。

インドは、核兵器をもつ中国と対立してきました。パキスタンはそのインドと対立しています。北朝鮮はアメリカや韓国、日本と、そしてイスラエルは周辺のアラブ諸国と対立してきました。これらの国々は、周辺諸国との緊張関係が続く中、少しでも優位な立場に立とうと核開発を手がけました。核拡散の負の連鎖は、現在も続いています。ある国が核兵器をもつなら、ライバルとなる国も当然もちたくなるものです。最近、核開発をしているのではないかという疑惑をもたれていたのは、中東のイランです。イランは、核兵器をもつイスラエルと対立してきました。核兵器を保有する国が一方にある限り、このように核開発を進めようとする国も後を絶ちません。

朝鮮半島では、一九五〇年の朝鮮戦争以来、南北の軍事的な対立が続いています。一九九〇年代前半には、いったん非核化の合意が結ばれました。しかし北朝鮮は、アメリカが自国の生存を脅かしていると主張して核兵器開発を強行しました。二〇〇六年から二〇一七年の間に計六回の核実験を行い、ミサイルの発射実験も繰り返してきました。

アメリカが北朝鮮に対して軍事行動を起こすのではないかというほどまで緊張が高まりましたが、二〇一八年に入ると対話が始まりました。四月に北朝鮮と韓国の首脳会談、六月には北朝鮮とアメリカの首脳会談が開催され、非核化への合意が結ばれました。その具体的な行動については、いま交渉が進められています。

核実験が新たな被爆者をつくる

核兵器は使われなければよい、というものではありません。核兵器を開発するためには、実験が必要です。一九四五年にアメリカのニューメキシコ州で史上初の核実験が行われて以来、いままで二〇五〇回を超える核実験が世界中で行われてきました。アメリカはネバダ砂漠や太平洋で、ロシアはカザフスタンや北極海で、イギリスはオーストラリアや太平洋の島国で、フランスはアルジェリアや南太平洋の仏領ポリネシア・タヒチで、中国は新疆《しんきょう》ウイグル自治区で実施しました。ワシントンやモスクワなどの大都市から遠く離れ、多くの場合は植民地や先住民族の暮らす土地でした。核実験により被爆した人たちは、世界各地に存在しています。

日本の人びとに衝撃を与えたのは、一九五四年にアメリカが太平洋のビキニ環礁《かんしょう》で行った水爆実験「ブラボー」です。爆発力は、広島型原爆のおよそ一〇〇〇倍ありました。このとき、日本のマグロ漁船である第五福竜丸が近くで操業していました。乗組員二三人は、核爆発によって生じた放射性物質を含むチリなど、いわゆる「死の灰」を浴びて被爆し(図3)、その半年後に無線長だった久保山愛吉さんが亡くなります。これは大きな社会問題となり、日本で原水爆禁止運動が始まりました。

被爆したのは日本の漁船だけではありません。現地の島民は、被爆をしても補償や治療を受けられず、長期にわたり置き去りにされてきました。一九六〇年代から九〇年代にかけて、フランスによる核実験が二〇〇回近く行われた、タヒチもその一つです。僕はタヒチを何度も訪れ、人びととの話に耳を傾けてきました。当時核実験場で働いていた軍人や島民たちは、健康被害や環境への影響を訴え続けていました。フランス政府は二〇〇〇年代に入ってようやく調査を始めましたが、被害者の人権や健康、環境の回復については、まだまだこれからです。

マグロ漁船 ビキニで原爆浴びる

東大で原子病確認

全乗組員廿三名が火傷

去る十四日静岡県焼津に入港した同市焼津漁船第五福竜丸（一五六トン）の筒井忠一船長(三四)以下全乗組員二十三人は、去る一日ビキニ環礁北東百キロ＝東京、興津間に相当＝東経一六七度三〇分、北緯一二度の海上でマグロ漁業中、船体に降りかかった原爆実験によるものらしい降灰のため、その後身体に火傷、水ホウができ、下痢を起すものもあって、焼津市立病院で手当を受けている。なかでも重傷の同市の漁夫増田三次郎さん(二九)と山本忠司さん(二七)は十五日夕刻上京、東大清水外科で診断を受けた結果「原子核の分裂で起った分裂破片の灰をかぶって発病した二次的症状」で原子病と確認され、その旨十六日午前十一時、増田さんを診断した東大医学部名誉教授都築正男博士から発表された。

一方、増田さんが甲板上から持ち帰った〝ビキニの灰〟は十六日午後東大理学部アイソトープ研究班長木村健二郎教授のもとで精密検査が行われるが、その結果によっては原爆の種類をも推測される可能性があるといわれ、注目されている。

図３　第五福竜丸の被爆を伝える記事．船は立入禁止区域外で操業していた（『朝日新聞』1954 年 3 月 16 日夕刊）

核実験によって被爆した人

びとは、世界中にたくさん存在しています。そう考えると、「日本が唯一の被爆国」という言い方は正確でないことが分かります。あえて言えば、「唯一の戦争被爆国」という言い方はできます。戦争において核兵器が使用されたのは日本だけ、という意味です。

世界が終わる二分前

核兵器の数は減ってきましたが、保有している国の数は増え、今後も増えていく可能性があります。また国家だけではなく、民間の武装組織が核をもって、テロに用いる可能性も否定できません。冷戦時代に比べ、いまでは核戦争の危機を感じる人は減っていますが、実際の危険度はどうでしょうか?

世界中の科学者による研究をもとに発表される「終末時計」というものがあります。これは、人類の破滅を午前〇時とした場合、現在はその何分前かを示すもので、核戦争の危機を示す基準になってきました。「終末時計」は、冷戦まっさなかの一九八〇年代には三分前でした。冷戦が終わり、九〇年代に入ると、針は一七分前まで戻されました。ところが二〇一八年現在、時計は二分前になっています。人びとの実感に反して、専門家は冷戦時代よりも核が使われる危険性が高まっていると指摘しているのです。

その理由としては、アメリカが「対テロ戦争」で使用しやすい核兵器の開発を始めると宣言したことや、中東、朝鮮半島情勢など、核をめぐる世界情勢が混沌《こんとん》としてきたことがあります。しかし、核兵器が使われる可能性は戦争だけではありません。核兵器は人間が管理する施設にあるので、人的ミスを完全になくすことはできません。また、近年ではサイバー攻撃による発射の危険性も高まっています。それを裏づけるように、核兵器に関わる事故の可能性や、管理体制の不備については、これまでも数多くの問題が指摘されてきました。

一例を挙げると、一九九八年に核保有国となったパキスタンでは、翌九九年に軍がクーデターを起こし軍人が政権を奪取しました。この直前、本来は軍をコントロールすべき立場にある首相のまったく知らないところで、軍がミサイルに核を搭載する準備をしていました。これを知らされた同国の首相は衝撃を受けていたと、当時を知る人は証言しています。このように、指揮系統が混乱しているような国では、正式な命令がなくても核が発射されてしまう危険性があるのです。

核兵器をめぐる事故も起きています。一九八〇年にアメリカの核ミサイル発射施設で、保守作業員が誤って工具を落としてしまい、それがミサイルに穴を空けて燃料漏れを起こし、爆発と火災を起こしました。さいわい核爆弾の爆発には至りませんでしたが、それが起きてもおかしくない事態でした。これら「間一髪」の事故が多数起きていることは、アメリカ政府自身が認めています。

もし核兵器が使われてしまったら、それが計画的なものであれ、事故によるものであれ、人類全体が取り返しのつかない事態におちいります。「リスク」はその出来事が起きる可能性と、起きた場合の結果とを合わせて考えるものです。たしかに、核兵器の発射権限をもつ人たちがそう簡単にボタンを押すことはないでしょう。しかしサイバーテロや偶発的な事故、混乱の中でのミスなどを含めれば、私たちが思っているよりも核兵器が使われるリスクははるかに高いのです。それが、核兵器による滅亡まであと二分、と終末時計が示していることの意味です。

「核不拡散」と「核軍縮」

世界は核戦争のリスクに、どう対処してきたのでしょうか？　代表的なものが、一九七〇年に発効した核兵器不拡散条約(NPT。以下、核不拡散条約)です。日本は同年に署名、七六年に批准(=承認)しています。核不拡散条約には、一九一カ国が参加しています(二〇一八年六月現在)。これは、大きく分けて二つの内容からなっています。一つは、核兵器を保有する国がこれ以上増えないように、簡単にいうと、もってよい国と、もってはいけない国とに分けたことです。一九七〇年の時点ですでに核を保有していた国は、アメリカ、ソ連(当時)、イギリス、フランス、中国の五カ国です。この五カ国を「核兵器国」と定め、その他の国はもってはいけないとされました。これは「核不拡散」あるいは「核拡散の防止」といわれています。

もう一つは、すでにもっている五カ国もちゃんと減らす努力をすることが義務づけられたことです(核不拡散条約第六条)。これは、「核軍縮」といわれています。

この核不拡散と核軍縮の二つは、セットで考える必要があります。核を保有しない多数の国にとっては、いま保有している国が核をなくす約束をしたので、それと引き換えに自分たちは保有しない約束をした、という取引になるからです。この条約は、五つの大国は核兵器を保有していても当面は許される内容なので、保有していない国からすると不平等なものです。それでも、「核軍縮をする約束」が着実に実行されていたら、この条約の評価はもっと高まっていたかもしれません。

核不拡散条約では、五年ごとに各国政府代表が集まって内容を見直す再検討会議が行われています。しかし、核不拡散については熱心に議論されても、核軍縮については十分な動きは起きませんでした。

二つの約束のうち一つしか守られないとなると、いま保有している国が核を独占する特権を認めているだけ、と見られても仕方ありません。独占に納得できない国々は、核不拡散条約の体制のもとで核を保有するようになりました。核不拡散だけを強調して核軍縮の努力をしなかったことで、結局は核不拡散も実現できなくなったのです。

「核の傘」に入る共犯者

核を保有する国と保有しない国だけではなく、その中間にある国にも注目する必要があります。それらの国々は、自分たちは核兵器をもたないものの、軍事同盟のもとで核保有国に守ってもらう立場をとっています。これを「核の傘」と呼びます。

ヨーロッパの多くの国々は、北大西洋条約機構(以下、NATO)という軍事同盟に加盟して、集団でお互いを守り合う約束をしています。NATOには、核保有国ではアメリカ、イギリス、フランスが、非保有国ではドイツ、オランダ、スペイン、デンマークなど、合計二九カ国が加盟しています(二〇一八年六月現在)。

また日本は、アメリカと個別に日米安全保障条約を結んでいます。これにより、日本国内では沖縄などにアメリカ軍基地を置き、アメリカは日本が攻撃されれば日本を守ることになっています。核の傘は、いざとなれば核兵器を使ってでも守ってもらうという関係です。いざというとき、アメリカが本当に核兵器を使うかどうかは分かりませんが、少なくとも日本では、アメリカの核の傘で守られていると考えられてきました。

日本の核兵器をめぐる政策は少し複雑です。まず、一九六七年に発表された「非核三原則」で「核兵器をもたない、つくらない、もち込ませない」という三つを原則にすると決めました。しかし同じ時期に「アメリカの核抑止力に依存する」ことや、「原子力の平和利用を進める(原発推進)」ことも合わせて決められました。

今日、日本の安全保障に関する基本政策である国家安全保障戦略には、「アメリカの核抑止力に依存する」とはっきり書かれています。日本自身は核をもたないしつくらないけれど、アメリカの核の傘に依存し、原子力(原発)も利用するという三点が、セットになっているのです。

日本も含めて、アメリカの核兵器に守られていると考える国々の政府は、核不拡散条約体制(以下、ＮＰＴ体制)で「核不拡散」は声高に叫ぶのですが、「核軍縮」については歯切れが悪いです。要するにアメリカの核兵器は必要であるという立場なので、その核兵器を減うせ、なくせとは強くいえないのです。

実際、日本政府が、アメリカが核兵器を減らそうとすることに対して「ちょっと待って、減らさないで」とお願いをするようなこともありました。あまり知られてはいませんが、日本政府はアメリカにたびたびこのようなお願いをしてきた事実があります。

不可解な日本の態度

世界の歴史上、実際の戦争で原爆を落とされた唯一の国である日本政府は、国内外で表向きは「核廃絶をめざす」と言い続けてきました。しかし裏では逆の態度をとり、日本政府はアメリカが核兵器を減らすことに、ことあるごとに反対してきました。これは大変残念なことです。

たとえばオバマ政権(二〇〇九〜一七年)のとき、アメリカは核兵器の削減を真剣に検討していました。その一環として、核弾頭を積んだトマホークミサイルをアジアから撤去して、核兵器の役割を減らそうとしたのです。すると日本政府は「それはやめてほしい」とストップをかけました。逆に、トランプ政権(二〇一七年〜)になってアメリカがより実戦に使いやすい核兵器を開発しようという方針を掲げました。これは核戦争の脅威がより近づくことを意味しますが、日本政府はすぐに支持を表明しました。

日本政府は、日本の脅威となる北朝鮮などの「悪い核兵器」はなくすべきだが、日本を守るためのアメリカの「良い核兵器」はなくさないでほしいと訴えているのです。このような立場は、核軍縮や核廃絶にとってプラスにはなりません。広島の被爆者であるサーロー節子さんは、ノーベル平和賞の受賞スピーチの中で、日本のような核の傘の下にある国々について「核保有国の共犯者」という言葉で批判しました。

ＩＣＡＮが各国政府と核兵器禁止条約をつくろうと動いたとき、残念ながら日本政府は何の役割も果たしませんでした。たとえば、国連などの会議で広島と長崎の被爆者が証言を行う際、本来はその実務や調整を日本政府がやるべきだと思うのですが、実際にそれをやっていたのはＮＧＯの僕たちです。そして現在は、採択された核兵器禁止条約に日本は参加しないという立場を表明しています。

日本政府が核兵器禁止条約に参加しない最大の理由は、条約がアメリカの核を禁止することになるからです。アメリカの意向に配慮して仕方なく反対しているのではなく、日本がアメリカの核に頼りたいから、自ら進んで核軍縮や核廃絶に反対していることになります。

アメリカは日本をどう見ている?

僕はアメリカ政府とつながっている専門家ともよく話します。アメリカ政府の中でも、核軍縮を進めるべきかどうか、意見は分かれています。軍縮を進めようとする積極派もいますし、現状維持の慎重派、あるいは核をもっと増やそうという反対派もいます。慎重派や反対派がもち出してくるのが日本の態度です。彼らは口をそろえて、アメリカ政府が核兵器を減らそうとすると日本が反対するといいます。中には、アメリカが核軍縮したら日本が核武装すると発言する人もいます。

僕からすれば、そんなことをするわけがないと思うのですが、このところ日本では、核武装を検討すべきだと語る政治家や有識者も出てきています。そのような発言は、軍縮したくないアメリカの政府関係者にとって好都合です。「ほら、アメリカが核軍縮をしたら日本が核武装するぞ」という宣伝になるからです。

いずれにしても、日本政府が核に依存し、核がなければ安全を保てないと考えることが、アメリカの核軍縮にも影響を与えたり、軍縮できない理由とされてしまっていることは、深刻に受け止めるべきです。いまこそ日本政府の根本的な発想の転換が求められています。

ここまでの話をまとめます。核廃絶のために乗り越えなければならない課題は三つあります。一つは、アメリカやロシアのようなすでに核兵器をもっている国にどうなくさせるのか。二つめは、新しく核をもとうとする国をどう思いとどまらせるのか。そして三つめは、日本のように、自国はもっていないが核の傘の下にいる国の考え方をどう変えるのかということです。

手段が目的化する

核兵器の役割は、時代とともに変わってきました。冷戦時代は、アメリカとソ連が相手の陣営を「強大な敵」として、互いに大量の核兵器を向け合っていました。冷戦が終わると、大量の核兵器をもち続ける理由はなくなり、実際に核兵器の数は減り始めました。ところがアメリカは、核兵器をもち続ける理由を探し始めました。そこで出てきたのが「テロリストとの戦争」です。テロリストに向けて核兵器が必要だといい始めたのです。

さらに、イラクやイラン、北朝鮮など、アメリカが危険とみなす国々から自国を守るためには核兵器が必要だともいっています。昔は敵がソ連という大国だったのですが、いまではそうしたより小さい国々が敵だとされています。最近では、コンピューター・システムに対するサイバー攻撃への備えとしても核兵器が必要だといい始めています。

このように、なぜ必要かという理由は時代とともに変わりながら、核保有国は核兵器が必要だとずっといい続けています。

「テロリストとの戦争」では、実際にブッシュ大統領時代(二〇〇一～〇九年)のアメリカで、対テロ戦争用の核兵器を開発する話がありました。地下にあるテロ組織の拠点を破壊する目的で、地表を貫通して外には決して放射能を漏らさない新型の核兵器をつくるというものです。しかし、実際にはそんな技術はありません。アメリカの議会でも、そんなものに予算を出し続けるのはおかしいと声が上がり、予算は打ち切られました。

「北朝鮮に対しては核兵器が必要」という話はどうでしょうか？　北朝鮮のような孤立した国に対して、核兵器で脅したり軍事的圧力をかけたりすれば、相手は反発してむしろ核兵器開発を強めていきます。実際これまで十数年間、それが続いてきました。しかし、圧力ではなく、交渉によって、北朝鮮が核を手放せば経済協力をするといった形で取引すれば、平和的に問題を解決することができます。

考えたくないことですが、もし仮に北朝鮮とアメリカの関係が決定的に悪化して、戦争が避けられないような状況になったとしましょう。この場合でも、アメリカほどの軍事大国であれば核兵器などを使わずとも、通常兵器だけで北朝鮮を完全に制圧することが可能です。

それに、北朝鮮は独裁国家ですから、一握りの権力者が意思決定をしています。その権力者を攻撃対象とするなら、大規模な戦争をするまでもありません。もちろんこれは仮定の話で、そういうことをすべきだといっているのではありません。僕は軍事的な道を選ぶことには反対です。

いずれにせよ、核兵器を使えば、何百万人という人が無差別に殺されます。被害は朝鮮半島にとどまらず、当然日本にも、さらにはアメリカ軍の基地や施設、そこにいる兵士たちにも及ぶのです。こう考えると、北朝鮮に対してアメリカが核兵器を使うということ自体が、きわめて現実離れした話であることがわかります。

つまり核保有国は、そのときどきで話題になっている「脅威」を対象に、「核は必要」といってきました。しかしそれは本当の理由ではないのです。アメリカの核兵器産業では、たくさんの人が雇用されています。アメリカが、核兵器が必要といい続ける理由の背景には、巨大になったその産業を維持したいという思惑《おもわく》があります。

よく何かを達成するための手段だったものが、いつの間にか目的になってしまっていることを「手段が目的化する」といいますが、それと同じことです。「核兵器産業のために核兵器をもち続ける」ことは、核兵器産業に関わる一部の人びとの生活のためには役立つかもしれませんが、より広い意味での国家の利益にはなりません。そして何よりも、そんなことのために地球上の人類の生存が脅かされているのは愚かなことです。冷戦時代の終わりとともに明確な役割を失った核兵器は、「自分探しの旅」を続けているかのようです。

核兵器と原子力発電所のつながり

核兵器は原子力発電所(以下、原発)と深くつながっています。核兵器と原発の原料となるウランという鉱物資源は、もとをたどれば同じものです。天然ウランの採掘は、オーストラリアやカナダ、カザフスタンなどで大規模に行われています。先住民族などの土地所有者が反対しても、強引に開発が進められる例が少なくありません。ウランを取り出す過程では、付近の先住民族や労働者の健康被害や環境被害が報告されています。

掘り出されたウランは「濃縮」という工程にかけられ、濃度を高められます。核分裂を起こす成分が一定の濃度まで高まると、原発の燃料になります。さらに濃度を高めていくと、核兵器の材料になります。また、原発で燃やされた後の使用済み核燃料を再処理すると、プルトニウムという核物質が取り出されます。プルトニウムもまた、核兵器の材料になります。

日本は、原発から出た使用済み核燃料を再処理して、約四七トンもの大量のプルトニウムをため込んでいます(二〇一六年末現在)。これは、核兵器を約八〇〇〇発もつくれる量です。現状のまま原発の再稼働と再処理を続けていくと、その量はさらに増えてしまいます。日本には非核三原則がありますから、自国で核兵器を開発することはないということになっていますが、やろうと思えば原料も技術もあるので、核兵器をつくることは十分に可能です。これほどのプルトニウムをどう扱うのか、国際社会から心配されています。

さらに二〇一一年に起きた福島第一原発の事故は、核兵器の爆発がなくても国家が核の危機におちいることを世界に示しました。またこの原発事故によって、原発がテロの標的や軍事攻撃の対象になりうるということが、これまで以上にリアルな問題としてとらえられるようになりました。そのため原発関連施設の管理体制を強化することも、核の脅威を取り除く重要な課題になっています。なお福島の事故がきっかけとなり、ドイツ、イタリア、スイス、ベルギー、韓国、台湾などが次々と脱原発政策を決めました。

核兵器のない地域をつくる条約

ここまで核兵器の実態と被害、その問題点について取り上げました。核兵器の脅威を減らしていくために、これまでさまざまな国際会議が開かれ、多数の条約が結ばれてきました。

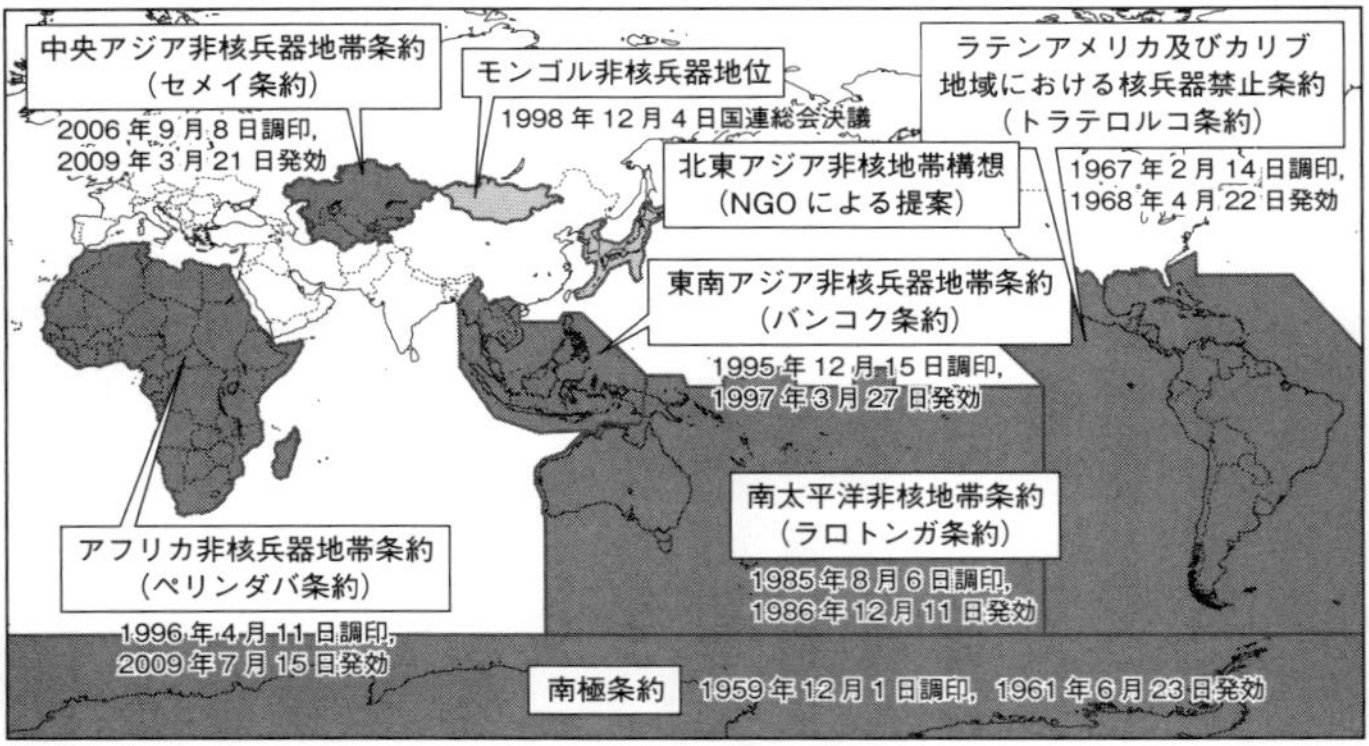

図4　世界に広がる非核兵器地帯．非核兵器地帯は確実に広がっている（ピースデポ『核兵器・核実験モニター』などをもとに筆者作成）

その代表格が核不拡散条約ですが、それ以外にも数々の条約があります。いずれの条約も、部分的な形で核を取り締まっています。その中で、ぜひ注目してもらいたい条約があります。それが「非核兵器地帯条約」です。

　この条約は、核保有国まかせでは軍縮が期待できないと、核をもたない国々が積極的に動いた結果として誕生しました。もっとも早く形にしたのが、ラテンアメリカの国々です。ラテンアメリカでは、一九六二年に起きたキューバ危機で全面核戦争の危機に直面したこともあり、核兵器開発や保有を禁じる条約を結ぶ気運が高まりました。そして、地球上の人が住む地域としては初めて、地域内で核兵器を禁止する条約を結びます（トラテロルコ条約＝ラテンアメリカ及びカリブ核兵器禁止条約、一九六八年発効)。その際、核保有五カ国に対しても、この条約加盟国への核兵器の使用や威嚇《いかく》を行わないことを認めさせました。二〇〇二年にキューバが加盟したことにより、この条約にはラテンアメリカとカリブ諸国全三三カ国が加盟しています。

それに続いて、核実験が繰り返された南太平洋でも同様の条約が発効します(ラロトンガ条約＝南太平洋非核地帯条約、一九八六年発効)。さらに、東南アジア(バンコク条約＝東南アジア非核兵器地帯条約、一九九七年発効)、アフリカ(ペリンダバ条約＝アフリカ非核兵器地帯条約、二〇〇九年発効)、中央アジア(セメイ条約＝中央アジア非核兵器地帯条約、二〇〇九年発効)の各地域でも非核兵器地帯ができました。現在、合計五地域で非核兵器地帯条約が結ばれています。この中で、中央アジア非核兵器地帯条約に署名したカザフスタンやウズベキスタンは、旧ソ連から独立した国々です。ソ連時代には核兵器が多数配備され、核実験も行われた地域が核を完全に排除する条約に署名した意義は大きいといえるでしょう。また、ロシアと中国という核保有国に挟まれたモンゴルは、一国のみの非核兵器地帯を宣言して、国連総会で認定されています(一九九八年)。

核廃絶を実現した国

「核兵器は一度もってしまうとなくすことができない」という人もいますが、もっていた核兵器を廃絶した国があります。かつて南アフリカは、有色人種を差別するアパルトヘイト(人種隔離政策)という政策をとり、国際社会から孤立していました。そのとき核兵器を開発し、実際に原爆を六発保有しました。しかし一九九〇年代に入りアパルトヘイトをやめることを決めたのと同時期に、もっていた核兵器も廃棄したと発表しました。その後、国際的な検証を受け入れて、実際にもっていないことが確かめられています。

そして二〇一七年に核兵器禁止条約をつくるときには、南アフリカ政府代表がとても積極的に行動してくれました。核保有国がどうやって核兵器をなくすのかについて考える際、かつてそれを実現した国の話はきわめて説得力があります。南アフリカ代表の方は、核保有国が核を減らしたりなくしたいと考えたときに、応援する立場になりたいと発言していました。南アフリカの提案した内容は、核兵器禁止条約の内容にも反映されています。

核兵器が裁かれた

一九九〇年代には、核兵器を裁判所に訴える動きも起きました。きっかけは、一向になくならない核兵器をオランダのハーグにある国際司法裁判所（以下、ＩＣＪ）で裁いてもらおうと、ニュージーランドの主婦たちが署名活動を始めたことでした。背景には、南太平洋で繰り返される核実験により、核の脅威を身近に感じていたことがあります。「世界法廷プロジェクト」と名付けられた署名運動は世界中に広がり、結果として世界保健機関（ＷＨＯ）と国連総会が、ＩＣＪに「核兵器の使用や威嚇が国際法のもとで許されるかどうか」を判断するよう求めました。

ＩＣＪでは多くの国々が意見陳述を行い、裁判官の間でも激しく意見が分かれました。白熱した議論を踏まえて、結論となる「勧告的意見」が出されたのは、一九九六年七月のことです。勧告的意見では核兵器の使用や威嚇について、「一般的に国際法に違反する」としました。ただし「国家の存亡に関わる自衛の極限的な状況」においては合法か違法か「判断できない」という内容も盛り込まれました。核兵器が国際司法の場で裁かれ、世界で初めて「国際法に違反する」と判断されたことは画期的な面があります。しかし「極限状況では判断できない」としたことで、核保有国は「核兵器の使用は違法ではない」という解釈をするようになりました。

ＩＣＪが下した重要な判断はもう一つありました。裁判官が全員一致で「全面的な核軍備撤廃に向けた交渉を誠実に行い、かつ完結させる義務がある」としたことです。つまり、核兵器をなくす条約の交渉を進めなさいということです。

これがベースとなって、国際社会で核兵器禁止条約が議論されるようになりました。このICJ勧告をもとに、マレーシア政府は国連総会で核兵器禁止条約の交渉開始を求める決議案を提出するようになります(一九九六年以降毎年)。この決議は、例年賛成多数で採択されてきましたが、核保有国はもちろん、核の傘に頼る多くの国は反対してきました。なお日本は「棄権」を続けました。

非核兵器地帯条約を結んだり、ICJでの裁判で核兵器禁止を訴えた国々は、地球の南半球に多く存在しています。核兵器禁止条約をめぐる国連での議論もそれを反映して、核廃絶に積極的な南側の国と、核兵器を維持したい北側の国の対立という構図で分かれてきました。

市民たちが動き始めた

この章の最後に、市民社会の動きを紹介します。核兵器廃絶をめざす市民の運動は何十年も前から続けられており、世界中にそうした団体はたくさんあります。先述したように、日本で核廃絶運動が始まったのは、一九五四年にビキニ環礁での核実験に日本のマグロ漁船が巻き込まれたのがきっかけです。漁船員の被害に加えて、各地で水揚げされたマグロから放射能が検出されたことで、主婦たちを中心に反対運動が盛り上がりました。

日本に原爆が落とされたのは一九四五年です。それから七年間は日本はアメリカの統治下に置かれており、原爆に関する情報へのアクセスは統制され、市民が手に入れることはできませんでした。一九五一年に日本が各国とサンフランシスコで対日講和条約を結び、独立を回復したことで、情報へのアクセスは拡大し、デモ活動なども活発に行えるようになりました。このとき立ち上がった原水爆禁止運動や被爆者団体（日本原水爆被害者団体協議会＝日本被団協）の活動は、すでに六〇年以上続く息の長い活動になっています。

核廃絶運動が世界的に盛り上がりを見せたのは、僕が中高生の頃の一九八〇年代です。しかし、冷戦が終わり核戦争への社会の関心が薄れると、実際の危険性はあるのに、その勢いは急速に減少しました。もちろん活動を続ける人はいましたが、数でいえばごく少数になっていきます。九〇年代以降に立ち上がった組織やキャンペーンの多くは、一般の人を対象にするのではなく、専門知識をもった少数の人たちが、政府や官僚に政策提言などをするスタイルをとるようになりました。そんな中で誕生し、反核運動に新たな風を吹かせたのがＩＣＡＮです。

コラム❶ 「被爆」と「被ばく」

放射線を浴びる、すなわち放射線にさらされることを「被ばく(被曝)」と言います。放射線に被ばくするのは原爆によってだけではありません。みなさんがレントゲンを撮るときにも、微量ですが放射線を浴びているので「被ばく」しています。これに対して、原爆や水爆の被害を受けることを「被爆」と言います。そのため「被爆者」とは原水爆の被害者、すなわち核兵器の被害者という意味です。この本では、核兵器の被害について「被爆」と表記し、一般に放射線を浴びることを「被ばく」と表記します。

被爆者はみな放射線を浴びていますので「被ばく」しています。一方、自然界にある放射線や、レントゲンなど医療放射線や、原発事故の影響による放射線など、さまざまな形で人びとは被ばくします。

第3章

そして世界が動いた

——ＩＣＡＮが起こした風

ＩＣＡＮが誕生した

ここでは、ＩＣＡＮ(International Campaign to Abolish Nuclear Weapons＝核兵器廃絶国際キャンペーン)の活動と核兵器禁止条約に焦点を当て、どのように国際社会が動いたかについて見ていきます。世界の反核運動は、一九八〇年代に大きな盛り上がりを見せましたが、その後しだいに停滞していきました。ＩＣＡＮはこれを改めて盛り上げようと、二〇〇七年に立ち上がりました。

ＩＣＡＮ創設の母体となったのは「核戦争防止国際医師会議(ＩＰＰＮＷ)」という国際的な医師団体で、そのオーストラリアのメンバーらが中心に旗揚げをしました。ＩＰＰＮＷは、その名のとおり核戦争に反対するお医者さんたちの組織で、冷戦まっただなかの一九八〇年にアメリカとソ連の医師が共同で立ち上げたものでした。

僕がＩＣＡＮと出会ったのは、設立翌年の二〇〇八年です。日本政府とオーストラリア政府が「核不拡散と核軍縮」をテーマに国際委員会を立ち上げ、二年にわたって議論することになりました。委員会にはＮＧＯのアドバイザーも一人ずつ参加することになり、オーストラリアからはＩＣＡＮ創設時の代表者ティルマン・ラフさんが、日本からは僕が選ばれました。僕が選ばれた理由は、考え方が違っても政府ときちんと対話する姿勢で活動を続けてきたからではないかと思います。

ティルマンさんは、世界中を飛び回る経験豊富な平和活動家ですが、印象としてはとても物静かな人です。どんなときも穏やかに対話を続ける彼の態度は、オーストラリア政府からも信頼を得ていました。ＩＣＡＮには多くの若者が集まっていますが、初期のＩＣＡＮでは、彼の存在がメンバーの精神的な柱になっていました。

その頃、ちょうど僕が所属するピースボートでは、「おりづるプロジェクト」（第1章参照）が始まっていました。そしてオーストラリアのシドニーに入港し、一〇〇人の被爆者の方とともに証言会を実施します。ティルマンさんはその様子を見て、「被爆者とともに世界を旅するピースボートはすごい！」と感激してくれました。

二〇一〇年に僕とピースボートは、ティルマンさんから「ＩＣＡＮに正式に参加してほしい」と誘われました。ティルマンさんがＩＣＡＮの代表で、僕は副代表の一人になりました。このときピースボートも、正式にＩＣＡＮに参加しています。当時、僕やティルマンさんが考えていたのは「停滞していた核軍縮の運動に新しい風を吹かせよう」というものでした。

斬新な発想で広げる

当初は大きな財源もなく、厳しい運営を続けていたICANに、転機が訪れたのは二〇一一年です。いくつかの政府が財政的な支援をしてくれることになりました。中でも、ノルウェー政府は強力に支援してくれました。それまで事務所はオーストラリアだけでしたが、これにより国連本部のあるスイスのジュネーブに国際オフィスを置き、専属スタッフを雇うことができるようになりました。ジュネーブには、各国の軍縮大使が集まっています。ジュネーブに拠点をもって活動することで、核問題に関わる政府関係者らに直接働きかけることができるようになるのです。

当時、特に力を入れたのがソーシャルメディア(SNSなど)を使ったキャンペーンです。日本とは異なり、海外では新聞やテレビなどのマスメディアで核兵器の特集が組まれることはほとんどありません。そこでICANはマスメディアに頼らず、自分たちで一分から五分くらいの短い映像をたくさん製作してユーチューブに載せ、フェイスブックやツイッターなどで拡散しました。

つくり手の中には、核問題に関わるのが初めてという若者もいました。彼らがつくった映像には、ポップな音楽やアニメーションを駆使するなど、これまでとはまったく異なる切り口の、斬新な作品が数多くありました。

新しいアイデアで核兵器の恐ろしさや愚かさを伝える映像は、僕が見ても十分なインパクトがありました。そういう作品が注目され、一気にフォロワーが増えました。そしてICANが国際会議に参加して活動すると、世界各国から「自分たちも参加したい」と若者たちが、ボランティアとして駆けつけるようになりました。

ベアトリス・フィンさん

ICANに集う若者の中で特別な存在になったのが、ノーベル平和賞の授賞式でスピーチをした事務局長のベアトリス・フィンさんです。ベアトリスさんは、WILPF(婦人国際平和自由連盟)というNGOのジュネーブ事務所で働きながら、ICANにも関わっていました。ICANは多くの団体からなるネットワーク組織で、世界中から優秀な女性活動家が集まるWILPFもその構成団体の一つになっています。

ICANは二〇一四年に組織を改編しました。それまでは、ティルマンさんやレベッカさんと僕が共同代表を務めていましたが、代表を置かない形に変えました。一〇団体から一人ずつ出る国際運営委員が、対等な立場で話し合う体制にしたのです。現在は僕もその一〇人のうちの一人です。毎月、世界各地で活動する国際運営委員が、インターネット会議をして方針を決め、それを事務局に実践してもらう流れになっています。各国のNGOは、立場も得意分野もやり方も異なっています。それぞれの持ち味を発揮しながらうまく連携できるように調整することは、とても骨の折れる仕事ですが、その中から学んだこともたくさんあります。

ノーベル平和賞の授賞式でスピーチをするICANの事務局長，ベアトリス・フィンさん（2017年12月）

二〇一四年の組織改編によって事務局長を置くことになり、当時三〇代になったばかりのベアトリスさんに就任してもらいました。スウェーデン生まれの彼女は、移民の多い地域で育ちました。国際問題に関わるようになったきっかけは、そうした移民や難民への関心からだったといいます。

ティルマンさんやレベッカさんのようなベテランの反核活動家は、一九七〇年代から日本を何度も訪れ、日本の平和運動についてもよく知っています。

でもベアトリスさんが来日したのは、ノーベル平和賞受賞後の二〇一八年一月が初めてです。日本の人は広島・長崎への訪問がきっかけで活動するようになったという人が多いのですが、彼女はまったく異なる入り口からこの問題に入ってきたことが分かります。このことは、ICANに集まる他の若者にも共通しています。

彼女が来日したとき、僕もずっと付き添って案内しましたが、広島と長崎を訪れて、改めて感じるところがいろいろとあったようです。特に関心をもっていたのは、原爆が落ちた後の街の様子です。彼女は、原爆投下直後の焼け野原で、子どもたちが学ぶ青空教室の写真の前で足を止めました。そして「原爆が落ちてすべてが消えてなくなるのではなく、その後も人びとは生き続けなければならないことを、改めて考えさせられた」と言っていました。

ベアトリスさんにはこれまで、事務局長として団体運営や経営のことを中心に担ってもらっていました。就任当初は、現場でうまくチームをまとめ、てきぱきとやってくれるお姉さんという印象でした。ICANの活動が急速に世界に広がる中、最近は風格も威厳も出てきたように感じます。

ただ、彼女がカリスマ的なリーダーとして他の全員を引っ張っているというわけではありません。ICANには優秀で個性的なメンバーがたくさん集まっていて、その中の一人がベアトリスさんだということです。一人の強力なリーダーに頼らないことが、ICANの新しさであり特徴でもあります。

なぜ若者が集まったのか?

もうすぐ五〇歳になる僕ですが、日本の反核運動の中ではまだまだ若手という立ち位置です。でも、国際会議でICANのスタッフに交ざると、一番年上になることが多いです。ICANには、なぜ若い人が大勢集まったのでしょうか。

それは、若い人たちがICANを通じて新しい世界をつくり出すことに魅力を感じているからではないかと思います。いま、核兵器をめぐる情勢はすごい勢いで動いています。そんな中、世界各国の外交官を電話やメールで誘い、国際会議で議論して、映像をつくって人びとに呼びかけ、そしてできないと思われていた核兵器禁止条約ができました。そうしたことに可能性とやりがいを感じていることは間違いありません。

赤十字でICANを紹介された若者も大勢います。たとえばノルウェーの赤十字でボランティアをしていた女性が、社会貢献を仕事にしたいと言ったらICANノルウェー支部を紹介されました。ヨーロッパ、特に北欧では、若者が社会貢献や人道的な分野に関わることは、ごく普通のことと考えられています。核廃絶への思いが特別強かったわけではなく、人道的な活動への思いからやってきた団体が、たまたま核兵器に関する活動をしていたということになるのでしょう。

欧米でも、昔から反核運動に関わっているベテランの運動家たちは、日本の『はだしのゲン』(漫画家中沢啓治さんが自身の広島での被爆体験をもとに描いた自伝的作品)のマンガや、「サダコの折り鶴」(広島の被爆者、佐々木禎子《さだこ》さん。被爆の一〇年後に白血病と診断され、元気になると信じて病床で鶴を折り続けた)の話をだいたい知っています。でもICANに最近集うようになった諸外国の若者たちのほとんどは知りません。ポップな動画を見て「核廃絶スゲー!」と思って参加してきた人と話したら、「サダコって誰?」と言われてしまうのです。僕は当初「そんなことも知らないの?」と驚いたのですが、それが大事なのかもしれないと思うようになりました。知っている人ばかりが集まっているだけでは、化学反応は起こりにくく、ましてや外へ、つまり社会には広がりません。はだしのゲンもサダコも知らない若者が核廃絶を担うことが、新しいムーブメント(運動)なのです。

日本に目を向けると、核廃絶をテーマにした団体や会議に普通の若者が参加しやすい雰囲気があるかというと、残念ながらそうはいえません。それは日本で、核問題が年中行事になってしまっていることとも関係していると思います。八月になると毎年同じように集まり、同じような核廃絶の訴えを繰り返していく中で、若者を引きつける魅力がイマイチになってしまっているといえるでしょう。もちろん、そういう活動を毎年続けることは大事ですが、若者が集まる場や雰囲気をどうつくるかについて、僕も含めて市民運動の人たちがもっと知恵を絞らなければいけないと感じています。一方、日本の若い人たちも、ＩＣＡＮに集まっている世界の若者のように、気後れせず、いままさに動いている世界に飛び込んでみようという意欲をもってほしいと思います。

赤十字の「革命的」な声明

ここからは、核兵器禁止条約につながった国際社会の動きを紹介します。ＩＣＡＮがキャンペーンを広げ始めた二〇一〇年前後、国際社会では「核兵器の非人道性」が大きなテーマになりました。日本では「核兵器が非人道的なんて当たり前でしょ！」と思っている人が多いので、伝わりにくいかもしれません。でも、世界では当たり前ではないのです。日本では、教科書に広島と長崎への原爆投下が紹介され、核兵器は非人道的だと思える教育を受けています。でも、他の国ではそのようなことはありません。

なぜ、二〇一〇年前後に核兵器の非人道性が話題になったのでしょうか？　流れをつくったのは、赤十字国際委員会(以下、ＩＣＲＣ)です。ＩＣＲＣは、二〇一〇年の国際会議で「核兵器は非人道的で、いかなる場合も認められない」という声明を発表します。また、ＩＣＲＣが拠点を置くスイスの政府も同様の主張を行います。それ以降、世界各地で非人道性をテーマにした国際会議が開催されるようになりました。

「赤十字」と聞いて多くの日本人が一般的にイメージするのは、駅前で献血を呼びかけたり、災害が起きたときに募金を集める中心になるところというものでしょう。世界各地の赤十字社は、災害や人道危機が起きた際、現場にいち早く駆けつけて医療支援や人道支援を行っています。そしてどんな国でも活動できるように、中立の立場を守り、政治的な話はしないという方針を掲げてきました。なぜなら、国際社会で対立する二カ国のどちらかの側につく立場をとれば、現場に入れず救援活動ができなくなってしまうからです。そのため、二〇一〇年に赤十字がはっきりと「核兵器の使用はどんな場合でも許されない」と発言したことは、反核運動の歴史の中で革命的なことでした。

核兵器が非人道的だというのは、これまで被爆者がずっと訴えてきたことです。「自分たちが受けたひどい体験を、世界の他の人たちに味わってほしくない」というメッセージです。

被爆者のすごいところは、日本がひどい目にあったから、アメリカに仕返しをしたいということではない点です。だからこそ普遍的なメッセージになっています。

しかし残念ながら、これまで世界ではそうは受け止めてもらえていなかった面があります。多くの場合「日本の人たちが日本のことを語っている」と受け止められがちでした。原爆の話が、日米関係や日本の歴史をめぐる話ととらえられてしまうと、普遍的なメッセージは届きません。僕もピースボートで世界の人たちに被爆体験の証言会を続けてきましたが、ときにはそのような壁を感じることがありました。日本で起こった話を、世界につなげてどう受け止めてもらうのかが、大きなテーマになっていました。

その意味で、赤十字が積極的に核の非人道性を取り上げ、特定の国や地域や政治問題、歴史問題から切り離して、「どんな場合でも、誰が使ってもダメなんだ」と宣言したことには大きな意味がありました。

赤十字の発言の中で特に印象に残ったのは、「核戦争が起きたら救援には行けません」というものです。広島や長崎では、救護に行った医療関係者が大勢被爆しました。放射能に関する知識がなかったからです。いまでは、核兵器が使用されればそこが放射能で汚染されることは明らかなので、救護には行きたくても行けないのです。「救護を職務とする赤十字が、救護に行くこともできなくする兵器の存在を許すことはできない」という主張には、強い説得力がありました。

オバマ大統領が果たした役割

赤十字がそう主張をするようになった背景には、広島に原爆が投下された一カ月後、赤十字国際委員会のマルセル・ジュノー博士が広島で救護活動を行い、原爆被害の惨状を発信した歴史も関係しています。核兵器の非人道性については、赤十字はすでにその頃から認識していました。しかしその後は冷戦が始まり、核兵器がきわめて政治的な問題となったため、扱うことができないでいました。

冷戦が終わっても世界が混沌《こんとん》とする中、二〇〇九年にアメリカでオバマ大統領が誕生します。オバマさんは、就任直後に訪れたチェコのプラハで「核兵器のない世界をめざす」と演説しました。赤十字が声明を発表した背景には、このオバマさんの姿勢が影響したといわれています。これまで政治的色彩が強すぎて、赤十字では扱えなかった問題を、アメリカのトップが言い出したことで、扱いやすくなったのです。

華々しく登場したオバマさんでしたが、アメリカ大統領として彼の任期中、実質的にどの程度軍縮できたのか、あるいは政策的に核廃絶への道筋をつけたのかという意味では、残念ながら議会の反対などもあって、ほとんど成果を挙げることはできませんでした。その点については、僕は批判的な立場をとっています。

とはいえ、この問題に長年関わってきた僕は、核開発の先頭に立ってきたアメリカの大統領が「核兵器のない世界」を主張した影響は大きいと感じています。アメリカのトップの姿勢が変わったことで、国際社会の空気感が変わったからです。たとえば、核廃絶に関する研究がしやすくなり、研究する専門家が増えました。また、そうした活動に企業や財団からの助成金が増える効果もありました。

オバマさんは、大統領になった年に「核兵器のない世界」を掲げ、核兵器を使用した唯一の国としての「道義的な責任」があると語りました。そして退任八カ月前の二〇一六年にアメリカの大統領として初めて広島を訪れ、被爆者と抱き合いました。これによってオバマさんは、核兵器の被害とは単なる数字ではなく生身の人間の問題なのだということを認め、世界に示したのでした。

大統領になった八年間を通じて、彼は国際社会に「核廃絶という大きなテーマをみんなで議論しよう」と呼びかける役割を果たしました。赤十字の声明は革命的でしたが、同じようにオバマ大統領のメッセージもまさに革命的なことだったのです。オバマさんが人道主義の側面から核廃絶について議論するきっかけをつくり、赤十字やスイス政府が主導することで、核兵器の問題が人道問題であると注目されるようになりました。

核戦争が起きたらどうなる?

二〇一三年から二〇一四年にかけて、赤十字から始まった流れを引き継いで「核の非人道性」をテーマにした国際会議が次々と開かれました。主催したのは、ノルウェー、メキシコ、オーストリアの三カ国です。会議のテーマは「核兵器が使われた場合にどのような非人道的な影響がもたらされるか」ということです。これは、一面では歴史を振り返り、広島・長崎や世界各地の核実験の被害について取り上げ検証するというものでした。

もう一面では現在そして将来に目を向け、もしいま核兵器が使用されたらどうなるかについて、科学者が詳細なシミュレーションを出して議論することでした。日本ではこのようなシミュレーションがされていなかったので、僕にとっては驚きの連続でした。日本では、広島と長崎の被害があまりに甚大《じんだい》だったので、原爆が今日またどこかに落とされたらどうなるかについて、研究や議論をすることはタブーになっていた面があると思います。

二〇一三年、インドとパキスタンの間で全面核戦争になった場合の被害想定が、国際的な科学者グループによって発表されました。当然ながら、両国で何百万という人命が失われます。広島・長崎の死者の単位は何十万という規模でしたが、いまのインドとパキスタンの人口密度や核戦力などを考えると、それを一桁《ひとけた》上回る数の人びとが亡くなるのです。またその後に残る放射能汚染の被害もより大きく、人体や環境をむしばみます。さらに死者を上回る大量の負傷者や難民が出ます。その人たちをどう救うのか、というめどは立ちようがありません。

被害は、インドやパキスタン周辺の地域にとどまりません。次に人類を襲うのは、核爆発によって起こる気候変動です。爆発にともなうチリやホコリ、煙などが地球の大気圏を覆い、気温を下げたり降水量を減らす、いわゆる「核の冬」という現象が起こります。それにより地球規模で農作物が不作となり、飢饉《ききん》に見舞われるところが増え、世界中で食糧を求めて移動する難民が大量に発生します。その飢饉の影響は、一〇億人や二〇億人という桁違いの単位に及ぶと発表されました。さらに、通信網やインターネットが寸断されたり、株式市場が混乱するなど世界経済が打撃を受けます。すべて合わせると、世界全体で大変な被害と損害が出ると予測されました。

人類みんなが被害者になるという事実は、とても重要です。核兵器の存在は、「国民の安全を守るため」と正当化されてきました。でも、核戦争が起こってしまえば、国境を越えてみんなが被害者となり、実際には何も守れないことが明らかになったのです。世界中の科学者が現実を見据えて真剣に議論する姿を見て、僕は過去のことを伝えるだけでなく、未来のことをリアルに想定するのは大事だと感じました。こうして、核の非人道性をテーマにした国際会議は、核兵器の新たな側面を浮き彫りにしていきました。

「核戦争でも前向きに」

「核兵器の非人道性」をテーマに国際会議が繰り返し開催される中で、日本の姿勢が話題になりました。二〇一四年一二月にオーストリアで開催された会議では、核兵器が実際に使用された場合、適切な救援ができるかという議論がされていました。国連機関や国際赤十字、専門家らのほとんどは「核兵器が使われてしまった状況のもとでは、適切な救援をすることは不可能」と意見を述べました。

ところが日本の軍縮大使は「核戦争が起きたら救援できないという考え方は少し悲観的すぎる。もっと前向きにとらえるべきだ」という内容の発言をしました。傍聴していた僕は、耳を疑いました。この人は何を言っているのか。被爆国・日本の政府代表が「核戦争が起きても前向きに」などと言うのは大問題だと思いました。

そして僕は、休憩時間に彼の所に行って、どういうつもりで発言したのか聞きました。すると彼は「いざというときに助けなくていいのか？」と反論してきました。できる限り救援の努力をするのは当たり前のことです。国連の人道機関や赤十字も、救援しないなどとは言っていません。しかしその救援のプロたちが、どんなに努力しても「適切な形で対処し、十分な援助を提供できるとは考えにくい」と言っていることが重要なのです。

僕は広島・長崎の被爆者の方たちのお話を何度となく聞いてきましたが、本当に多くの方々が「助けたかったのに助けられなかった。何もできなかった」という悔しさや、罪の意識さえも抱えています。「生き残った自分だからこそ、語らなければならない」と言って証言してくださる方も少なくありません。被爆者の証言活動には、そんな壮絶な体験が踏まえられているのです。

それにもかかわらず、よりによって日本の政府代表が「いや、もっと前向きに考えましょう。助けられるかもしれませんよ」と言うのは何ということかと思いました。大使は、核兵器についてとか、原爆で何人亡くなったとか、データ上の知識はそれなりにあったのでしょう。しかし、核が使われた現場の惨憺《さんたん》たる状況や、生身の人間の痛み、その後何十年も続く心のトラウマなどについては、きっと実感をもてていないのだろうと思いました。

核兵器を保有するアメリカやロシアが、核を使用するという軍事政策の一環として、使用後に救援できるかどうかの調査研究をするというのならまだ分かります。しかし、原爆の被害を体験した日本が世界に伝えるべきことは、そういう話ではないはずです。もし核が使われてしまったら本当に手がつけられなくなる。そのような経験と教訓を語ることこそ、被爆国の役割のはずです。

核兵器の非人道性について世界の多くの国が関心をもち始め、核兵器についての考え方を見直し、被爆者の痛みに寄り添いつつあるこのときに、日本の政府はどこを見ているのか。僕は絶望的な気持ちになりました。

禁止条約の立役者

ＩＣＡＮは、二〇〇七年の発足当初から「核兵器禁止条約をつくろう」と訴えてきました。しかし各国政府は、条約づくりとなると核保有国と対立関係になるだけに、慎重になります。そのため核廃絶に熱心な国々であっても、まずは核兵器の非人道性を国際社会の常識にしてから、条約の話にもっていこうと考えていました。そして二〇一四年末に非人道性をテーマにした三回の国際会議が一段落すると、それを土台に二〇一五年から核兵器禁止条約をつくる動きが始まります。ＩＣＡＮとともに条約のためにとりわけ積極的にリーダーシップを発揮してくれたのは、オーストリアとメキシコの政府でした。

オーストリアという国は、人口九〇〇万人に満たない小さな国ですが、ヨーロッパの中間に位置することから、歴史的には東側と西側の仲介役になってきました。冷戦時代には東西対立の前線として、核兵器の脅威を感じた国の一つでもあります。核兵器禁止に熱心だったのには、そういう歴史的背景があります。また原発については、ソ連のチェルノブイリ原発事故で国内に放射能汚染が出たことにより、国民投票で原発をつくらないと決めています。核兵器も原発もいらないというはっきりした方針は、政権が変わってもぶれることはありません。

条約づくりにもっとも貢献してくれた外交官も、オーストリアの方です。アレクサンダー・クメントさんは、オーストリアの軍縮大使として、世界の軍縮外交を長年リードしてきました。各国のＮＧＯとも積極的に連絡を取り合い、二〇一四年夏に広島を訪問した際は「意見交換したい」と僕にわざわざ電話をしてくれました。お昼ご飯を一緒に食べたり、夕方一杯飲みながら、オーストリア政府とNGOの連携のあり方について話し合いました。

核兵器の非人道性のこれまでの議論を踏まえ、アレクサンダーさんのアイデアで、オーストリアがまず一カ国で宣言文を出すことを決めました。「我々は核兵器という非人道的なものを禁止するために行動する」という誓いをたて、その宣言文に賛同する国は集まってほしいと呼びかけたのです。彼がリーダーシップをとったことで、その宣言には一二〇カ国以上が集まりました。核兵器禁止条約をつくろうという動きは、そこから一気に現実のものになりました。アレクサンダーさんが果たした役割は本当に大きく、彼は核兵器禁止条約の立役者の一人と言えます。現在はオーストリア外務省の違う部署にいますが、二〇一七年一二月のノーベル平和賞の授賞式には招待されて参列していました。

ICANがしたこと

非人道性についての会議や核兵器禁止条約の交渉が始まってから、ICANを含めたNGOは何をしていたのでしょうか？　大きな役割の一つは、枠組みや条約の内容について法的、技術的な貢献をすることです。

世界にはNGOに深く関わる専門家や研究者が大勢います。NGO出身の専門家も少なくありません。日本には、まだこういう人たちは少数しかいませんが。これまで、NGOや関連する専門家が関わってつくられた国際条約としては、地雷やクラスター爆弾の禁止、武器貿易に関する条約など数多くあります(コラム❷参照)。その経験や力量は、政府系の専門家に決して劣りません。

ICANでは、物理学や国際法、医学、科学など幅広い分野で活躍する専門家を会議に招き、核兵器禁止条約に対する提言や助言をしてもらうよう働きかけました。専門家らは、核が使われた場合のシミュレーションをしたり、法的に見て核兵器がどんな問題をはらんでいるかを解明したり、核兵器廃棄の技術的な方法についての観点から提言したりして、僕たちNGOがそのサポートをしました。

ICANのメンバーは必ずしも専門家ではありませんが、幅広いネットワークを活かして、各国政府から依頼があったときに適切な専門家を推薦していました。また、オーストリアやメキシコ政府から被爆者の話を聞きたいと相談されるとその調整もしました。もちろん、僕たち自身が会議の中で発言したり、提言書を提出したこともありました。

会議にできるだけ多くの政府関係者に参加してもらうよう、呼びかけることも大切な役割です。参加が決まった国には、できるだけ発言してほしいとリクエストをします。最初は発言を渋っていた国も、いくつかの国が発言しだすと、それに引っ張られるように徐々に発言していくようになりました。

発言の中で核兵器が非人道的だと認めた国には、次は禁止条約をつくるよう求めました。その過程では、情報提供はもちろん、非公式の話し合いを何度も行います。その積み重ねによって、多くの政府に関わってもらえるようになりました。

もちろん実際の各国政府との交渉は、ここでまとめたほど簡単ではなく、毎日ギリギリのせめぎあいが続きました。現場担当者のレベルでは賛成でも、中央政府の大臣や局長が反対であれば会議に参加できなかったり、条約づくりができないということもよくあります。

そんな中で僕がうれしかった出来事があります。核兵器禁止条約に反対しているある国の政府の担当者が「うちの国が禁止条約に賛成していないのは、個人的には残念に思っているんだ」と率直に言ってくれました。そこでその人と、非公式な場でいろいろと意見交換をしました。その人は軍縮問題を長く専門にしている外交官だったので、専門的な観点から僕に多くのアドバイスやアイデアをくれました。これらは、ＩＣＡＮが出していく提言の中身にたいへん役立ちました。

このような非公式な意見交換ができるのも、長年にわたる対話と信頼関係の積み重ねの結果です。ＮＧＯの活動現場では、国境や立場を超えたネットワークや友人の存在が本当に貴重だと感じます。

政府との交渉や内容づくりと同時進行で、メディアや一般の人にも積極的に発信していきました。ＩＣＡＮは、各国から取材に来ている記者たちに向けて記者会見を開いたり、ＳＮＳで会議がどう動いているかという空気感を伝えました。メディアや多くの人びとが関心をもつことで、参加を迷っていたり無視していた国々が、行動を起こすきっかけになるからです。

被爆者は専門家

ＩＣＡＮに託された重要な役割が、もう一つありました。それが、「核の非人道性」という内容にリアリティを与えることです。核兵器が使われたらどうなるのか？　それを誰よりも詳しく知っているのは被爆者のみなさんです。だからこそ僕たちはこれら一連の会議で、必ず被爆者の証言会を実施できるよう精一杯の努力をしてきました。

ベアトリスさんは二〇一八年一月に来日した際、「被爆者のみなさんこそ核兵器の専門家です」と言いました。専門家というのは、国際情勢を解説しながら「核兵器は世界に何万発あって……」と話す、僕のような背広を着たおじさんばかりとは限りません。落とされたときやその後の情景、匂いや痛み、恐ろしさをはじめとする感情など、実際に体験している人にしか分からないことがたくさんあるからです。

一連の国際会議では、広島と長崎の被爆者だけでなく、核実験の被害者の方にも証言していただきました。その結果、核兵器禁止条約の前文には次のような一文が書き込まれました。かみ砕いていうと「核兵器の使用の被害者（ヒバクシャ）や核実験被害者らの受け入れがたい苦しみと被害に留意する」と。「核兵器の使用の被害者（ヒバクシャ）の苦しみに留意する」という言葉が条約に入ったのは、このような証言を続けてきた被爆者の方たちはもちろん、被爆者と協力して彼らの声を伝え続けてきたＩＣＡＮ、そしてピースボートが貢献した成果だと思います。

被爆者の証言会を実施するのは、簡単なことではありません。まず被爆者のみなさんには、思い出すのもつらい被爆体験を、国際会議で本当に繰り返し、繰り返し話してもらいました。運営面では、そのたびに通訳をどうするのか、被爆者の渡航費をどうするのかといった課題を抱えていました。また内容面でも苦労しました。被爆者の方の多くは、決してスピーチに慣れているわけではありません。言葉も違う、時間も限られている中で、どうしたら効果的に伝えることができるかと、僕たちは被爆者とともに頭を悩ませました。それを繰り返すうちに、証言の背景でタイミングよく被爆当時の写真を見せたり、メッセージをうまくまとめたりと、回を重ねるごとに伝え方を工夫、改善してきました。

また、被爆者のみなさんをお連れしてピースボートで旅する中、世界中の港で証言会を共催してくれた団体の協力がありました。その多くは、ＩＣＡＮの参加団体でもあります。証言を聞いた団体の中には、話に感動して、別の機会に自分たちで会を主催し被爆者を招いてくれたこともありました。被爆者のメッセージはこうして世界に広がっていきました。国際会議やピースボートの旅で被爆証言会を積み重ねたことで、「核の非人道性」を伝える役割を果たせたのではないかと思っています。

空気を変えたメキシコ会議

特に印象に残っている被爆証言会は、二〇一四年にメキシコで行われた核兵器の非人道性についての国際会議です。このときは、開会式直後という注目度の高い時間帯に、一時間半にわたり被爆者証言のセッションが行われました。これだけの枠を使わせてもらえるのは、政府間の国際会議としては異例のことです。

なぜそんなことができたのでしょうか？　その前年にノルウェーで同じテーマの最初の会議が実施されたとき、被爆者に短い発言をしてもらっていました。このときに参加していたメキシコの外交官の方が、「被爆者の話に大変感動した。次に自分たちの国が主催する会議ではもっと長く話してほしい」とリクエストしてくれたのです。

その方の懸命な努力のおかげで、貴重な枠を確保することができました。四名の被爆者の方々に加えて、被爆三世(被爆者の孫)にあたる長崎の高校生も発言しました。これらの証言には、ものすごい反響がありました。被爆者のメッセージに触発されたように、各国の外交官から次々と手が挙がり、被爆者の話で「いかに核兵器が非人道的であるかが分かった」、「ぜひ核兵器を禁止する方向にもっていきたい」といった積極的な意見が相次ぎました。

「空気が変わる」というのは、まさにこのことです。メキシコ会議は議論が白熱し、終了時間が三時間近くも延長されました。そして最終的な議長総括では、核兵器について「法的拘束力のある禁止措置をとるべきだ」と発表されたのです。これは、拍手喝采とスタンディングオベーションをもって歓迎されました。結果的にこのメキシコ会議は、その後の核兵器禁止条約につながる流れに火をつけたのです。

もしオープニングの一時間半という貴重な枠で被爆証言ができていなければ、ここまでの反響はなく、おとなしい会議になっていたかもしれません。そして、二〇一七年に核兵器禁止条約ができていなかったかもしれません。それくらい、被爆者の証言の影響力は大きかったのです。

また、このことで感じたのは、政府関係者や外交官も一人の人間だということです。被爆者の話に感動した外交官の方が、この会議でなんとか枠を調整してくれたことが、こうした結果につながりました。また、世界中の大勢の外交官が被爆証言を聞いたことで、一気に「ヒバクシャ」という言葉が広がりました。

二〇一七年に完成した核兵器禁止条約の文面に、「hibakusha（ヒバクシャ）」という言葉が組み込まれたことは、すでに書いたとおりです。日本の新聞やテレビは、条約に「ヒバクシャ」という言葉が入ったことを驚きをもって報じていました。でも僕は驚きませんでした。繰り返し聞いてもらう場をつくり、被爆者の方たちが熱意をもって証言し、外交官たちが心を動かされたそれまでの経緯をずっとこの目で見てきたからです。

核兵器禁止条約は、こうしてつくられた

核兵器が非人道的だというだけでなく、実際にそれを禁止する条約をつくるという動きが本格化したのは、二〇一五年からです。ずっと禁止条約が必要だと言ってきたＩＣＡＮのメンバーからすれば、スタートが遅すぎると感じていました。でもいったん動き出すと、僕たちの想像をはるかに超えたスピードで走り出します。

二〇一五年初頭にオーストリアが呼びかけた宣言文には、一二〇カ国以上が名を連ねました。二〇一六年には、国連で核兵器禁止条約の作業部会がつくられ、具体的な議論を詰めていきました。そして二〇一七年の三月から七月にかけて、実際の条約案をもとに交渉する会議がニューヨーク国連本部で行われました。条約が採択されたのはその年の七月七日です。

二〇一六年に国連作業部会で議論が行われた際に、ＮＧＯが提案を出すこともできましたが、ＩＣＡＮはあえて条約案というものは出しませんでした。ＩＣＡＮとしては、各国政府側からの条約案が出てからそれにコメントしようと考えたのです。その理由は、過去の反省に基づいています。

核兵器禁止条約をつくろうと提唱したのは、ＩＣＡＮが初めてではありません。一九九〇年代に、ＮＧＯを中心につくられた核兵器禁止条約のモデル案がありました。その案は、内容はとてもすばらしいものなのですが、完璧にできすぎていて、核保有国がすべて参加してくれることが前提になっています。これでは、理想的ではあるけれど、現実的ではありません。多くの国々が賛同し参加できるような条約にするためには、各国政府の側から「これならすぐに参加できる」という案が出てくるのを待つことにしたのです。

日本ではイメージしにくいかもしれませんが、こうした国際会議では、各国政府はNGOを無視して進めることはできません。NGOの発言や提言をきちんと受け止め、それを反映させることが一般的です。それくらい、市民社会の意見が尊重されています。NGOは、条約の内容についてコメントしたり提言したりするだけではなく、交渉会議でも発言の場を与えられます。たとえば条約交渉会議のときは、NGOは一日あたり一五分が与えられました。各NGOは相談して、一人三分で五人話すと決め、内容も分担しました。

核兵器禁止条約に関する国連作業部会（スイス，ジュネーブ）に合わせて開かれたICANの会議（2016年5月）で発言する筆者

僕たちが力を入れたのは、条約になるべく抜け道をつくらないようにすることでした。国際的な条約では、一般的には禁止していても「特例としてこういう場合は許される」という抜け道をつく

ることがあります。そのようなことをなくすため、一つひとつの言葉選びを慎重に提案していきました。また、核不拡散条約(NPT)体制で不十分だった「核保有国の軍縮をどう進めるか」というプロセスについても、きちんと検証する仕組みをつくるよう提案しました。

国際条約は、条約文が合意されればすぐに効力をもつというわけではありません。国連で採択されたものを、各国が実際に参加するかどうかを決めて、一定数の国が署名と批准をしてくれないと発効しない仕組みになっています。ICANとしてはできるだけ早く発効するよう提言しました。結果として、五〇カ国が署名と批准という手続きをすれば発効するようになりました。発効して終わり、ということでもありません。その条約がきちんと運用されているかどうか、確認する会議や組織を置く必要性についても提案しました。

結果としてでき上がった条約の内容は、すばらしいものになりました。もっとこうしたかったという細かい要望を挙げればきりがありませんが、「核兵器を全面的に禁止して、その廃絶の道筋を定める」という意味では、九〇点以上の条約ができ上がったと評価しています。それを、世界中の政府とNGOが連携してつくれたということに、大きな価値があるのです。

ついに国連で採択された

夢に見た日がやってきました。二〇一七年七月七日、ニューヨークの国連本部で、核兵器禁止条約が採択されました(図5)。賛成票を投じたのは一二二カ国。もちろん、核兵器を法的拘束力をもって全面禁止する条約は、人類の歴史上初めてのものになります。その日の朝には、ほぼ採択されるだろうと分かっていました。しかし、外交交渉では何が起きるか分かりません。当日は議事進行の関係でいくつかの問題があり、採択までに時間がかかりハラハラしたことで余計にそう思いました。

核兵器禁止条約 採択

国連交渉会議 日本は参加せず

核兵器の使用や保有などを法的に禁ずる核兵器禁止条約が7日午前（日本時間7日深夜）、米ニューヨークの国連本部で開かれている条約交渉会議で採択された。広島と長崎への原爆投下から72年。「ヒバクシャにもたらされた苦痛」との一節を前文に入れ、人道的見地から核兵器の存在を否定する条約が誕生した。

▼3面＝解説

この日の交渉会議には国連加盟193カ国中124カ国が出席。投票の結果122カ国が賛成した。北大西洋条約機構（NATO）に加わるオランダが反対。シンガポールは棄権した。

条約は核兵器の使用、開発、実験、保有、移転など幅広く禁止。当初案で除外されていた、核使用をちらつかせる「脅し」の禁止も最終的に盛り込まれた。また、核兵器の使用や実験の影響を受けた人々に、医療などの援助を提供することもうたった。9月20日から各国の署名手続きが始まる。批准国数が50カ国に達した後、90日をへて発効する。ただし、批准しない国には効力がない。

日本政府は3月の交渉会議で「現実の安全保障問題の解決に結びつくとは思えない」と表明し、5核保有国などと歩調を合わせてボイコットした。（ニューヨーク＝松尾一郎、金成隆一）

図5　条約は採択されたが，唯一の戦争被爆国である日本は会議をボイコットした(『朝日新聞』2017年7月8日)

僕はあまり人前で感情を高ぶらせるタイプの人間ではないと思いますが、採択されたときは無意識に声を上げ、周りにいた人たちと抱き合っていました。何人と抱き合ったか覚えていないほどです。ICANやNGOの仲間も、被爆者も、各国の外交官も、そこに居合わせた誰もが興奮して、目に涙を浮かべていました。

僕自身もこれまでいろんな批判をされてきました。「核兵器禁止条約なんてできるわけがない」とか、「現実を知らない夢想家だ」とか、ここでは書けないようなひどいことも言われてきました。そんな中で進めてきた条約が、ついにできました。

その道のりは、これまで紹介してきたように地味なことの積み重ねで、特別なことをしたわけではありません。秘策はないのです。NGOも、被爆者も、外交官も、それぞれが自分のやるべきことを丁寧に考えて、工夫をして、一歩ずつ歩みを進め、山を乗り越えることができました。採択された日に国連に集った人たちは、その重みを分かっていました。だからこそ、立場を超えてともに抱き合い、喜びを分かち合うことができたのです。

ポジティブに社会を変える

なぜICANは核兵器禁止条約を動かす中心的な存在になれたのでしょうか。ICANができる前から、専門的な知識をもつNGOはたくさんありました。では、ICANの運動はそれまでの運動と何が違ったのでしょうか？　ポイントは三つあると思います。一つはメンバーの若さ、二つめはメディア戦略、三つめが核兵器禁止条約に特化したことです。そしてこれらは、それぞれつながっています。

ICANでは、センスのよい若者たちがどういうメッセージを発信するかについてものすごく長い時間をかけて議論し、一度決めたら徹底的に繰り返すようにしました。ICANはキャンペーン団体という話をしましたが、キャンペーンというのは、同じメッセージを立て続けに送るという意味をもっています。ICANはそれをうまくやりました。

そして、そのメッセージがよくある「核兵器反対」というものではなく、ポジティブなものだったこともよい影響をもたらしました。ノルウェーで、核の非人道性が問われる国際会議が始まったとき、ICANの若者たちはみんなで「ありがとう」という横断幕を掲げました。普通は、国際会議にNGOが集まるときは「NO」と掲げて何かに反対するものです。でもICANは熱心にやってくれる政府を応援して、サポートする姿勢を示しました。

言葉選びも重要です。条約に使われる「禁止」という言葉は、英語では“Prohibition”といいます。でもそれでは難しくて伝わらないと考え、もっと砕けた“Ban”という言葉を使いました。「バン！」なら日本人にも伝わります。すでに述べたように、ユニークな動画をつくりＳＮＳで拡散することでも広がりをもたらしました。

核兵器に関する論文や書物、運動はたくさんありますが、どれも一般の人からすると専門的で難しく、身近に感じることはなかなかできません。そこで、とにかく分かりやすく「核兵器を禁止する」ことに特化したことで、興味をもってくれる人が増えました。ＩＣＡＮは、国際情勢にかかわらず「どんな核兵器も許されない」というスタンスをはっきりさせました。日本の被爆者が語ってきたメッセージと同じですが、ＩＣＡＮのキャンペーンは、それを「日本の問題ではなく世界共通の問題」というメッセージに変換することに成功したのです。

これまで核問題に携わっていなかった若い人たちが集まってやっているので、昔からこの問題に関わってきた人からすれば、「ＩＣＡＮのメンバーは知識が浅い」と見えることもあります。それでも、この若い力が運動を広げるエネルギーになりました。とはいえＩＣＡＮは、若い人だけでやってきたわけではありません。レベッカさんやティルマンさんをはじめ、さまざまな世代やバックグラウンドをもつ人たちが関わってきたからこそ、大きな影響力のある運動にすることができたのです。

図6　国際法で禁止されてきた非人道兵器．2017年に核兵器禁止条約が加わった

コラム❷　地雷、クラスター爆弾、武器貿易に関する条約

NGOや関連する専門家が関わってつくられた国際条約としては、次のものが挙げられます。

対人地雷禁止条約(オタワ条約)は一九九七年に結ばれた、対人地雷の使用や生産を全面的に禁止しその廃棄を義務づける条約で、一六四カ国が加盟しています。条約の交渉過程でNGOが果たした役割は大きく、地雷禁止国際キャンペーン(ICBL)が一九九七年のノーベル平和賞を受賞しました。

クラスター爆弾は、投下されると多数の子爆弾が散布され、その結果多数の不発弾が地表に残って地雷のような被害を出す兵器です。これは地雷と同じように二〇〇八年のクラスター爆弾禁止条約(オスロ条約)によって全面的に禁止されました。一〇三カ国が加盟しています。

武器貿易条約は、通常兵器の国家間取引を規制する条約で、二〇一三年に結ばれ、九四カ国が加盟しています(以上、いずれも加盟国数は二〇一八年六月現在)。

第4章

いま日本が立っている場所

「核兵器禁止条約は意味がない」

ここでは、核兵器禁止条約について出されている疑問や反論について、そして広島・長崎の悲劇を知っているはずの日本政府がなぜ賛成しないかについて考えていきます。

核兵器禁止条約については、核保有国を中心に強い批判も出ています。一つは、「条約に参加したとしても、守らない国があるかもしれない」というものです。たしかにそのとおりですが、考えてみてください。たとえば、「殺人は罪」とする法律がありますが、守らない人がいます。だからといって、殺人を罪とする法律をつくることに意味がないわけではありません。核兵器はこれまで悪いものだと規定されていませんでした。それを国際ルールで禁じることには大切な意味があります。

また「核保有国が参加しない禁止条約には意味がない」という批判もあります。もちろん、この条約が発効しても、それだけで核保有国が核をなくすわけではありません。これまでのNPT体制では、五つの大国が核兵器をもつことを許されていました。国際社会のルールでは、核兵器は「必要悪」のような存在だったのです。核兵器禁止条約はそれを否定して「核兵器はどの国がもっても悪いもの」と定めました。つまり「必要悪」ではなく「絶対悪」ということです。核兵器そのものがはっきりと国際法違反とされたことで、国家が核兵器をもつことの意味も変化します。

これまでは、核をもつことが大国の力のシンボルになっていました。核をもつことで、周囲から注目されていたのです。しかしこの条約では、核兵器をもつことが、生物兵器や化学兵器をもっているのと同じように「悪いこと」とされました。「力のシンボル」から「恥のシンボル」に変わったのです。たとえば、格好いいからという理由でタバコを吸っていた人が、社会の禁煙意識が高まり、禁煙エリアが増えることで、気まずくなるようなものです。

条約が発効する、つまり、正式な国際法として効力をもつためには、五〇カ国が署名と批准という手続きをすませる必要があります。ＩＣＡＮは五〇カ国にとどまらず、採択に手を挙げた一二二カ国すべてに、そしてさらにもっと多くの国に批准してもらえるよう働きかけています。条約を批准する国の数が増えていけば、保有国の肩身はどんどん狭くなります。さらに「核の傘」の下にある国、つまり自らは核を保有しないが核保有国と同盟を結んでいる国の中から、禁止条約に参加する国が一カ国でも出てくれれば、条約への批准の動きはさらに加速するでしょう。こうして、核は許されないものだという考え方が世界に浸透していきます。

国際条約というものは、できた時点で完成するのではありません。発効後には、さらに細かい具体的な検証制度のあり方などを追加で盛り込んでいきます。それによって将来、核兵器禁止条約は核不拡散条約に代わり、核兵器に関する世界の新たな基準になっていくことでしょう。

アメリカやロシアなどの核保有国は、それが分かっていたからこそ、核兵器禁止条約の交渉が始まってから、採択される直前まで、猛烈に反対していました。会議に出席せず、会議場の外で抗議声明を出したり、他の国に対して会議に参加しないよう、また出席したとしても賛成票を入れないように、さまざまな圧力をかけました。こういった大国から圧力をかけられれば、多くの国は脅威を感じたはずです。それでも、国連加盟国の三分の二に近い一二二カ国が賛成票を投じました。このことには非常に大きな意味があります。核保有国が激しく非難したり圧力をかけたことは、この条約に効果があることの証明にもなりました。何の意味もないものなら、妨害や抗議などせず、無視すればよいのですから。

一般的に、条約をつくって平和を築く取り組みは「安全保障の現実を知らない、理想主義者のひ弱な論理」などと言われることがあります。たしかに、「そんな約束で自分たちの安全が守れるのか？」と不安になる気持ちも分かります。しかし核兵器は、一度でも使われたら大変な惨事を引き起こし、取り返しのつかない事態をもたらします。核兵器を国際的なルールで禁止し、国際社会の監視下に置くことこそ、きわめて現実的な危機への対処法です。「核兵器に対して核兵器をもてば安心」などという話は、それこそ現実的ではなく、フィクションです。

お金の流れが変わる

核兵器禁止条約には、核開発に使われるお金の流れを止める効果もあります。みなさんやご家族がお金を預けている銀行は、預かったお金をさまざまな企業に投資したり貸し出して、利益を生み出しています。しかし「儲《もう》かればどこに投資しても構わない」わけではありません。企業の中には、環境汚染や非人道的な兵器の開発など、社会的に問題のある製品開発を手がけているところもあります。そうした企業に対し、欧米の金融機関や投資家が投資をやめる動きが盛んになっています。これは「社会的責任投資」と呼ばれています。

核兵器禁止条約によって核兵器は「使ってはならない非人道兵器」と定められたわけですから、金融機関や投資家は、核兵器開発産業への投資や資金提供を見直し始めるでしょう。

実際、核兵器禁止条約が成立してから約半年の間に、世界で三〇の銀行・金融機関が核兵器開発企業への投資をやめました。

核兵器は、つくったら放っておけばよいものではありません。常にメンテナンスやリニューアルを続けて、戦力を維持する必要があります。そのときに、どこもお金を貸してくれなければ、新しい核兵器をつくれなくなります。たとえ核保有国が条約に参加しなくとも、お金の流れを止めれば、核政策に影響を与えることができるのです。

ここからは、核兵器禁止条約によってどうやって核兵器をなくしていくのか、また、日本はどうすればよいのかについて、Q&A形式で考えていきたいと思います。

核兵器の問題Q&A

〈Q〉核保有国は核兵器を手放すの？

〈A〉それでも「核保有国は、もっている核兵器を手放さないのでは？」と思うかもしれません。たしかに、簡単なことではありません。しかし僕は、将来、核保有国が核兵器を手放す可能性は十分にあると考えています。特に注目してほしい国が二つあります。

一つは北朝鮮です。核武装したのは比較的最近で、保有している核兵器は一〇発から二〇発ほどです。少ないとはいえないものの、他の核保有国に比べれば桁違《けたちが》いに少ない数です。

アメリカと緊張関係を続ける北朝鮮が、核兵器を開発した最大の理由は、国家体制の存続です。逆にいえば、アメリカとの交渉によって何らかの形で体制の維持が保証されれば、核兵器を放棄する可能性はあります。実際、北朝鮮は二〇一六年から二〇一七年には核・ミサイル実験を繰り返し、大変な緊張を引き起こしていました。しかし二〇一八年に入ると対話路線に転じました。同年四月には韓国との首脳会談で「朝鮮半島の非核化」を約束し、六月にはアメリカとの首脳会談を行って、その約束を再確認しています。

もう一つは、約一二〇発の核兵器を保有するイギリスです。イギリスでは、核兵器の維持をめぐって国家的な論争が繰り返されてきました。その論争で議論の的となったのは、「巨額の国家予算を核兵器に使い続けるのか」という「お金の問題」です。

二〇一六年には、老朽化した核ミサイル搭載の原子力潜水艦について、莫大《ばくだい》なお金をかけて更新するかどうかをめぐる大議論が行われました。結果的には更新することが決まりましたが、それでも「そんな兵器に莫大な予算を投ずるべきではない」という主張もたいへん強いものがありました。いま、核兵器はどんどんと「使えない兵器」になっています。核兵器禁止条約が採択されたことで、今後は核兵器を使うことへのハードルがさらに高まっていきます。使えない兵器に莫大なお金をかけていつまでもち続けるのかという議論は、これまで以上に盛んになるでしょう。

イギリスについてはもう一つ、スコットランドの独立運動に注目しています。イギリスはイングランド、ウェールズ、スコットランド、北アイルランドの連合王国ですが、核兵器基地はスコットランドに置かれています。しかしスコットランドでは、イギリスから独立して領土から核をなくしたいという意見が増えています。また、たとえ独立しないとしても、核兵器を置き続けることが難しくなる可能性があります。

そのような理由から、僕はイギリスが将来、核兵器の放棄に動いても不思議ではないと考えています。

〈Q〉なぜ日本政府は会議に参加しないの？

〈A〉二〇一七年三月に条約の交渉会議が始まると、日本政府は反対の立場を明らかにし、それ以降の会議への出席をボイコットしました。唯一の戦争被爆国である日本が核兵器禁止条約をつくる会議に加わらなかった理由について政府は、「まだ条約をつくる段階ではない」と述べています。日本政府は、ＮＰＴ体制のもとで核兵器をもつ大国の間で交渉を続け減らしていくのがもっとも効果的だという立場です。その交渉が順調に進み、世界から核兵器がなくなる寸前までいったら、禁止条約をつくってもいいといいます。

でも、核兵器禁止条約をつくろうという動きが起きたのは、五〇年近くもかけてNPT体制でやってきて成果がなかったからです。これ以上待っても、核保有国が自ら進んで核をなくすとは期待できません。

日本は核保有国をできるだけ刺激しないようにしようといって、ただ待っている姿勢です。しかし、それでは何も変わりません。軍縮は何のためにやるのかといえば、安全のためにです。安全になったから軍備を減らすわけではないのです。

僕たちが「日本は何もしていない」と政府を批判すると、政府は「そんなことありません。日本は国連に毎年、核廃絶の決議を提出しています」と反論してきます。たしかに、日本政府は核兵器の全面廃絶を求める「核兵器廃絶国連決議案」を提出して、毎年採択されています。しかしこの決議案は、核保有国にも賛同してもらうため、廃絶するための期限や具体的な方法、守らなかった場合の罰則などを定めていない、漠然とした宣言のような内容です。核軍縮を前に進めるような影響力は、限りなくゼロに近いといえるでしょう。

この決議案に表れているように、日本政府は核保有国と非核保有国の溝が深まることを必要以上に恐れています。そして核兵器禁止条約のような拘束力のあるものは、「対立を助長する」という理由から避けるべきだとしてきました。

でも、意見の対立をひたすら恐れていては、現実を動かすことはできません。なくす努力をしない核保有国に対して周りの国がなくすよう要求するなら、多少のプレッシャーは必要です。場合によっては核保有国が怒ることもあるでしょう。でもそれが交渉というものであって、対立を恐れて対話をやめてしまったら、何も変えることはできないのです。

〈Q〉「北朝鮮の脅威」があるから核は必要？

〈A〉日本政府が核兵器禁止条約に反対するもう一つの理由として、北朝鮮問題が挙げられてきました。実際に「北朝鮮に核の脅威があるのに、核兵器を禁止して大丈夫？」と不安に思う人もいるでしょう。向こうに核がある以上、こっちにも核が必要だ。そういう考え方があるのは分かりますが、果たしてどうでしょうか？

「北朝鮮の脅威に核兵器で対抗する」という発想には、大きな問題があります。「北朝鮮の核問題」というときに、本質的には「北朝鮮が何をしでかすか分からない国だ」ということと「核兵器が恐ろしい兵器である」ということの二つの問題があるのです。日本では「北朝鮮が恐ろしい」というところの話ばかりで、「核兵器そのものが恐ろしい」ということがぼやけてしまっていると思います。北朝鮮だけが問題なら、それこそ核を含めてどんな手段でも使って対抗し、北朝鮮を封じ込めてしまえという話になるでしょう。でも、核兵器そのものが大変に恐ろしいという原点に立ち返れば、対処法は変わってきます。

僕はむしろ、北朝鮮の脅威があるからこそ、日本は積極的に核兵器禁止条約に参加するべきだと考えています。核兵器禁止条約に北朝鮮を巻き込み、さらに韓国と日本が同時にこの条約に参加すれば、北東アジア地域の安全は飛躍的に高まることでしょう。

「北朝鮮はまともにとりあう国ではないから、交渉など不可能だ」と思うかもしれません。しかし、かつて交渉が実を結びかけたことはあります。一九九三年から九四年にかけて、北朝鮮の核開発が深刻な問題となった際、アメリカと北朝鮮が交渉して、核を放棄する見返りにエネルギー協力と経済支援を行う合意をしました。この合意はその後、両国のさまざまな事情が重なってうまく進みませんでした。北朝鮮が核兵器をもったいまは、そのときよりもさらに交渉の難易度は上がりました。しかしそれでも、きちんとした取引によって核の放棄へ導くことは可能です。

現実には、北朝鮮の核兵器の能力は、挑発合戦の中で高まってきました。アメリカや日本が制裁や圧力をかけ、北朝鮮はそれに反発してミサイル実験や核実験を繰り返すなどエスカレートしてきたのです。最近では、北朝鮮の金正恩《キム・ジョンウン》委員長が「自分の部屋に核ミサイルのボタンがある」と発言したら、アメリカのトランプ大統領がすぐさま「自分はもっと大きな核のボタンをもっている」とツイッターで応酬しました。まさに、ささいなきっかけから軍事衝突が始まってしまいかねない危険な状態が長く続いてきました。

日本が「自国の安全のために核が必要」というのなら、なぜ北朝鮮が同じことをいうのを批判できるのでしょうか？　たしかに核不拡散条約内のルールでは、アメリカの核は認めて、北朝鮮の核は認めていません。でもそのルール自体が不公平なので、納得できない国々が核兵器をもとうとするのです。

NPT体制は、グループの中で腕力の強い五人だけがタバコを吸い、周りの人たちに「お前らは吸うな」と威張っているようなものです。いわれた人たちは、その場では吸わないかもしれませんが、その五人がいないところで吸うでしょう。タバコが悪いというのなら、「俺のタバコは良くて、お前のは悪い」ではなく、ダメな理由を明確にして、すべてのタバコを禁止するしかありません。核兵器禁止条約は、北朝鮮だけではなく、すべての国の核兵器を禁止しています。北朝鮮の核開発を将来にわたってやめさせるには、この方法しかありません。

〈Q〉北朝鮮が約束を守らなかったらどうする?

〈A〉もしも北朝鮮が核兵器の廃棄に合意し、核兵器禁止条約に参加したとします。しかし「核をなくす」と口約束をしただけでは、北朝鮮が約束を守らない可能性はあります。そこで、次の段階として本当に核を手放したと確認する必要があります。核兵器禁止条約では、その検証についても取り決めがなされています。また、本当に核を減らしているのか、つくっていないのかを確認する技術については、国際的な研究が進んでいます。北朝鮮がスムーズに査察を受け入れれば、確認すること自体は十分に可能です。

ただ問題となることもあります。北朝鮮がどういう形で査察を受け入れるか、国際的な査察団のメンバーや権限をどうするかという点です。かつてイラクが大量破壊兵器の査察を受け入れたときの国連査察団には、アメリカの情報局関係者が関わっていたといわれています。査察で得た情報がイラクと敵対する国や軍に流されてしまうと、軍事作戦に活用されてしまうかもしれません。また逆に、他の国が核兵器をつくることに情報が活用されてもいけません。そのような不正が起こってしまったら、国際的な査察としては失敗です。

国際的な査察団を結成する場合、各国の思惑《おもわく》が入り乱れ、公正な形でつくるのは簡単なことではありません。ただ課題があるからといって、諦めることはありません。より公正な仕組みができるよう、体制の強化にエネルギーを注げば、打開策は見えてくるでしょう。

仮に北朝鮮がすぐには核兵器禁止条約に参加しなかったとしても、こうした検証や査察が必要であることに変わりはありません。大事なことは、公正な法的合意のもとで、検証や査察の体制をつくることです。それが、「ウソをついているのではないか」という疑念を取り除くためのカギになります。

〈Q〉アメリカの核が北朝鮮を抑えている？

〈A〉日本の人たちの多くは、ミサイル発射実験などを受けて「北朝鮮は何をやるか分からないから怖い」と思っているようです。たしかにそれは間違いとはいえません。しかし「武力には武力」「核には核」というやり方を続ける限り、いつまでも安心や安全を手にすることはできません。たとえばアメリカは、自分たちの安全を守るためといってアフガン戦争(二〇〇一年)やイラク戦争(二〇〇三年)を起こしました。しかしそれは、アメリカに対する憎しみを増大させました。イラク戦争によってイラクの独裁政権は倒れましたが、そのときのイラク軍兵士の中で過激な考えをもった人たちがテロ組織を誕生させ、暴走し始めました。それが、いわゆる「イスラム国(IS)」です。こうした暴力の連鎖によって、むしろ世界は以前より危険な状態になってしまいました。

「アメリカの核兵器があるから北朝鮮を抑えていられる」という意見についてはどうでしょうか？　アメリカは現在約七〇〇〇発の核弾頭を保有しています。そんなにたくさんもっていても、北朝鮮は核開発を続け、実質的な核保有国になってしまいました。核開発は抑えられませんでした。むしろアメリカの核の存在が、北朝鮮の側に「自分たちももたないと！」という危機感を呼び起こした面があります。

次に考えたいのは、アメリカの核が北朝鮮の核兵器の使用を抑えられるかという点です。最悪の事態を想定すると、北朝鮮の政権が深刻に追い詰められた場合、核の発射ボタンを押す可能性はあるでしょう。そのとき、アメリカがどれだけ核兵器をもっていようが、関係ありません。北朝鮮の核兵器の使用を止めることはできないのです。

〈Q〉中国にも日本は備えなければいけない？

〈A〉仮に北朝鮮の核問題がアメリカや韓国との外交交渉によって解決したとしても、それでもまだ心配だという人はいるでしょう。とくにとなりの中国は、国の力がどんどんと大きくなっており、軍備も増強しています。核兵器ももっています。そして日本との間で、領土紛争を抱えています。だから、中国に備えなくていいのか？やはり、核の力は手放せないのではないかと思う人もいるでしょう。

しかし、相手が軍備を増やしているからこちらも対抗しなければ、と進めていったら、どんどんと軍備競争になっていきます。一歩間違えば軍事衝突に至ってしまうでしょう。自国の「安全」のためにといって備えていった結果、お互いに安全でなくなっていくのです。それだけではありません。大切な私たちのお金を兵器の生産や配備につぎこんでいってよいのでしょうか。教育、医療、福祉、環境問題など、日本にも中国にも、優先しなければいけない課題がもっと他にあるはずです。

アメリカが北朝鮮に対して核兵器を使うなどというのは、およそ現実的でありません。同じように、中国に対して核兵器を使うということも、まったく現実みのない話です。なぜかといえば、アメリカも日本も、経済の大きな部分を中国との貿易に依存しています。中国と戦争になれば、アメリカも日本も、国民を犠牲にすることはもちろん、自分の国の経済が破綻してしまうのです。

抑止力というのは「戦争を防ぐ力」だといわれます。核兵器が戦争を防ぐのだ、というのが「核抑止力」の考え方です。これに対して「戦争をすればお互いに大変なことになる」という意識が働いて戦争をしないということも、別の意味での抑止力です。核の抑止力と非軍事の抑止力。みなさんはどちらがより理にかなっていると思いますか。

現在、北朝鮮の核問題の解決に向けた外交交渉が進んでいますが、これをさらに一歩進めて、アメリカや中国も巻き込んだ核軍縮の対話につなげていくべきだと僕は考えています。

〈Q〉みんなが銃を持つ社会は安全？

〈A〉核兵器をもつことが、本当に他国を抑止することになるのであれば、極論を言えば世界中のすべての国が核兵器をもつことで、世界はより安全になるはずです。しかし実際には核兵器をもつ国が増えれば増えるほど、世界はより危険になっていきます。

銃の問題にたとえてみましょう。アメリカは誰もが銃を手にできる社会ですが、銃を手にできない日本に比べて安全な社会といえるでしょうか？　アメリカで銃によって亡くなる人の数は、二〇一四年に三万三五九九人いました。同じ年に、日本で銃によって亡くなったのは六人でした(シドニー大学の調査より)。少ないとはいえ、日本でも銃による死者は出ていますが「日本もみんなが銃を持てるようにすべき」という議論にはなりません。

二〇一八年二月にアメリカの高校で銃乱射事件が起きたとき、トランプ大統領は「教師も銃を持てば解決する」と発言しました。これを聞いて、日本の僕たちは「トランプ大統領はなんておかしなことを言っているんだ！」とびっくりしました。でも同じ論理で核の問題を考えてみたらどうでしょう。つまり「北朝鮮の核があるから、日本の側にも核が必要だ」というのだったら、このトランプ大統領の発言と同じ論理になります。

核抑止論を認める世界は、いわばアメリカの銃社会です。そして核兵器禁止条約の世界は、銃を禁止する日本社会と同じです。どちらがより安全でしょうか？

日本で銃がなくても安全に暮らせるのは、警察がしっかりしているからです。核兵器についていえば、国際機構がそれにあたります。核兵器禁止条約がめざす方向性は、みんなが銃を持つのではなく、みんなが銃を持てないような法律と仕組みを整備した上で、きちんとした警察組織をつくりましょうというものです。

銃社会に住んでいたとしたら、一時的な自分の安全だけを考えれば、銃を持つことで安全が得られるかもしれません。でも長期的に見れば、銃を持っているせいで事故が起きたり、間違えて撃ってしまうかもしれません。そのような破滅に向かうことなく、安全な社会を実現するには、法律や教育を整え、地域社会や警察組織をうまく機能させる仕組みを考える必要があります。人類はその長い歴史の中で、犯罪が起きたときにやられたらやりかえすのではなく、逮捕して、処罰するシステムを築いてきました。国際社会を一つの国と考えるなら、知恵を働かせ、そのような仕組みをつくることを考えた方が、未来志向ではないでしょうか。

〈Q〉日本はアメリカのいいなりになるしかない？

〈A〉「日本はアメリカに守ってもらっているから、核の傘の下に入るしかない」という意見もあります。でも外交は「アメリカのいいなりになるか、もしくは敵対関係になるか」という〇《ゼロ》か一〇〇かの二択ではありません。友好関係を維持しながら、いうべきことをいえる関係に発展させていくことを考えるべきです。

たとえば、アメリカが二〇〇三年にイラク戦争を起こした際、フランスやドイツなどの国は、アメリカの同盟国でありながら戦争に大反対しました。でもそのとき反対した国が、その後アメリカに圧力をかけられて困ったということはありません。同盟関係にあるからといって、アメリカの意見と一〇〇パーセント一致しなければいけないということはまったくないのです。それに経済や貿易の問題であれば、日本とアメリカは、自分たちの利益をかけていつもケンカしています。それでも、互いに友好国です。

日本の外交は、冷戦時代からずっとアメリカだけを頼りにしてきました。その外交方針はとっくに古びたものになっています。冷戦時代と比べて力の落ちているアメリカに対して「うちの国だけは守ってください」と日本は必死にすがりついているように見えます。しかし時代が変わったのですから、他の選択肢も視野に入れて、アメリカとの関係を新しくつくりかえる努力をすべきでしょう。

日本は「北朝鮮や中国など、アジア近隣諸国との対立を抱えているから、アメリカの軍事力で守ってほしい」という立場をとっています。しかし、本当に平和を望むなら、アジア近隣諸国との対立そのものを自分で解決するような外交努力が必要です。何ごともアメリカの歩調と一〇〇パーセント合わせて歩くというのでは、まったく主体性がありません。これは残念なことです。

僕は単に、美しい理想論を語っているわけではありません。外交の世界では、得意分野を活かして国際社会で主導権を握っていくのは当たり前のことです。たとえば北欧諸国は人道主義を掲げて、紛争地の人道支援などを積極的に行ってきました。それは長い目で見ると、自国の利益になるという思惑があってやっていることです。実際にそうした努力が国際社会で高い評価を受け、国益になっています。

僕からしてみれば、核兵器禁止条約は日本の存在感を示せる格好の機会でした。原爆投下によって起きた広島・長崎の悲劇は、世界のどの国も経験していません。それは、外交に活かせる遺産ととらえることもできます。事実が重いからこそ、そのようなことを二度と繰り返さないために、日本が核兵器禁止に向けて本気で行動するのであれば、国際社会から尊敬され、日本の発言力を高めることにもなるでしょう。

核兵器禁止条約の交渉会議(ニューヨーク)に欠席した日本の席には折り鶴が置かれた．翼には，「あなたがここにいてほしい(Wish you were here)」とのメッセージ(2017年3月)

しかし日本は国際社会で、核の傘は必要だという立場をとり続けてきました。それだけではありません。核兵器禁止条約ができた後、日本の河野太郎外務大臣(二〇一七年八月〜)は「核兵器禁止条約は、米国による核抑止力の正当性を損うものだ」と言いました。僕は、これには驚きました。それまでの日本政府の言い方は、核兵器は必要だが、それは「必要悪」だという言い方だったと思います。悪ではあるが現状では仕方ないという認識です。でも河野外務大臣の発言は、核兵器が「必要で正当なもの」という言い方です。僕は、核兵器の被害を経験した国の外務大臣がこのような発言をするのは、重大な問題だと考えています。核兵器の被害にあった日本がそう言うのを他の国が聞いたら、「そうか、核兵器はそんなに悪くないんだ。核兵器をもってもいいんだ」ということになりかねないからです。

日本には、日本にしかできない外交があるはずです。原爆を落とした国の側の視点ではなく、原爆を落とされて苦しんだ人びとの視点で、異なる道を探るべきだと思います。

第5章

一人ひとりが声を上げる意味

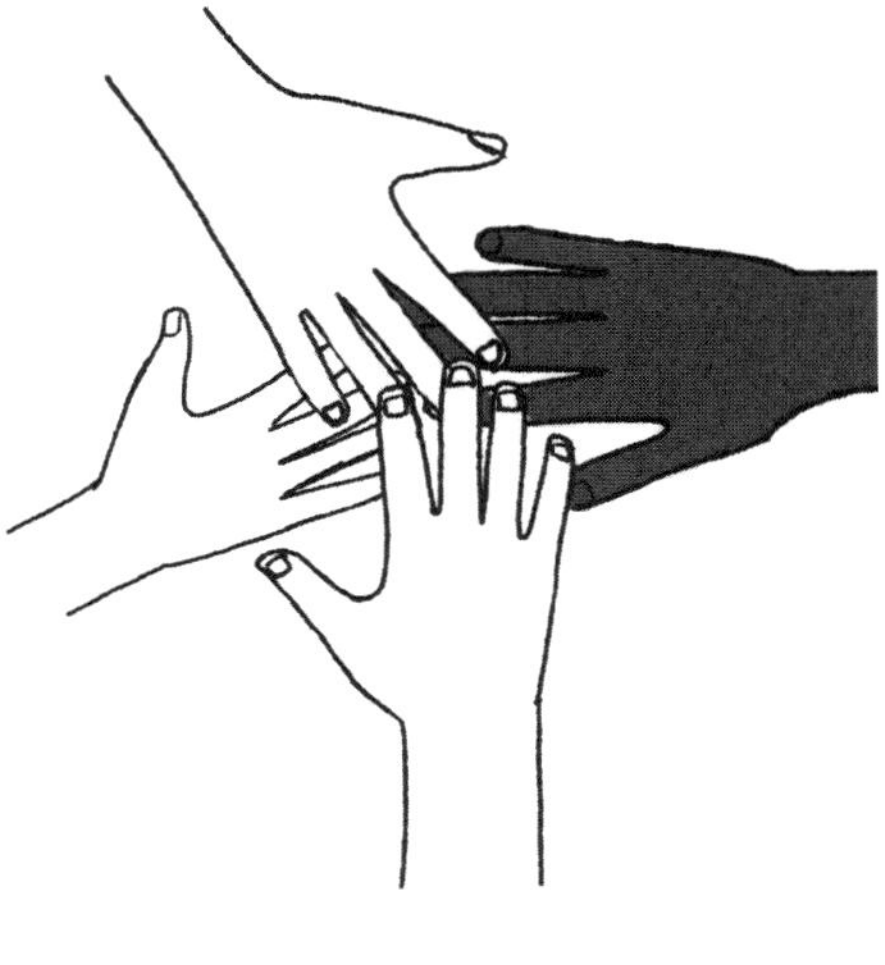

ノーベル委員会からの宿題

この章では、核兵器禁止条約やノーベル平和賞の受賞を通して感じたことや、一人ひとりが行動する意味、そしてみなさんへのメッセージを記したいと思います。

ノルウェー・ノーベル委員会は、二〇一七年のノーベル平和賞をＩＣＡＮに授与しました。たいへん光栄なことです。授賞理由は、核兵器禁止条約をつくるのに貢献したというものでした。実は発表の前から、この年のノーベル平和賞は、核問題関連が選ばれるのではないかと言われていました。核兵器を重視するトランプ政権の誕生や、北朝鮮のたび重なるミサイル発射実験の影響などで、核問題にスポットが当たるようになったからです。候補としては、欧米六カ国とイランの間で結ばれた核合意(コラム❸参照)に携わった国々の高官とも噂されていました。しかし政府高官ではなく、草の根の市民運動であるＩＣＡＮに賞が贈られました。

「国連で核兵器禁止条約をつくる」ことは、これまでの国際政治の枠組みでは考えられない、「非現実的な理想論」とされてきました。それでも一二二カ国もの国が賛同して条約ができました。しかもそれを実現に導いた原動力は、カリスマ性のある政治指導者ではなく、普通の人びとが携わる草の根の市民運動でした。ノーベル委員会もそこに光を当ててくれたのだと思います。ＩＣＡＮの受賞は、「普通の人びとでも国際社会を動かすことができる」ことを世界に示しました。

ＩＣＡＮの前に核問題でノーベル平和賞を受賞したのは、オバマ大統領です（二〇〇九年）。あのときノーベル委員会は、まだ就任したばかりのオバマ大統領が発した「核兵器のない世界をめざそう」というメッセージに共感し、応援の意味を込めて賞を贈りました。今回、ノーベル委員会がＩＣＡＮに賞を与えてくれた背景にも、核兵器禁止条約をつくったことへの評価に加えて、「条約に早く実効性をもたせ、核兵器を廃絶できるようさらに頑張ってほしい」という意味が込められているはずです。だから、ノーベル平和賞をもらったことは光栄ですが、それと同時にとても大きな宿題をもらったと感じています。

核廃絶を実現する道のりは、さらに険しいものになることでしょう。それでも、条約をつくるときに育んできた各国政府や赤十字、専門家ら、そして幅広い世界の市民運動との連携をさらに生かしていけば、必ず前進できると思います。

すべての被爆者の思いを背負い

二〇一七年一二月、僕はノルウェーのオスロで開催されたノーベル平和賞授賞式に出席し、最前列で興奮ぎみに壇上の二人を見守っていました。壇上には、ＩＣＡＮの同僚であるベアトリス・フィン事務局長と、カナダ在住で被爆者のサーロー節子さんがのぼっていました。

ノルウェー・ノーベル委員会のベーリット・レイスアンデルセン委員長は、核兵器を条約で禁止しようとするＩＣＡＮの「革新的な努力」を授賞理由とした上で、核兵器の問題は政府や専門家だけの問題ではなく、ＩＣＡＮは一般の人たちを新たに関与させていくことに成功したと評価しました。

ベアトリスさんは、ＩＣＡＮのように核兵器廃絶を求める人びとは、「現実を知らない理想主義者」であると批判されてきたが、自分たちこそ「核廃絶」という唯一の理性的で現実的な選択を提示していると述べました。

そして、広島出身のサーロー節子さんはこの日、世界中にいる被爆者や、あのとき亡くなった多くの人びとの思いを背負ってこの舞台に立ちました。彼女はこれまで何度もピースボートに乗船し、証言を続けてくれました。また、各地で行われた国際会議にも精力的に出席し、日本語と英語の両方で被爆体験を語ってきました。サーローさん独特の力強い口調で伝えられる証言は、外交官たちの心を動かし、核兵器禁止条約を成立させる原動力の一つにもなりました。僕自身もサーローさんの話から、原爆で亡くなった一人ひとりには名前があり、人生があり、誰かに愛されていたことを教えてもらいました。

広島の街に原爆が落ちたとき、サーローさんは一三歳でした。学校の窓から青白く、すさまじい閃光《せんこう》を見た彼女は、気を失います。静寂と暗闇の中で意識を取り戻したときには、壊れた瓦礫《がれき》と化した校舎に埋まり身動きがとれなくなっていました。そして、同級生たちの「お母さん、助けて」「神様、助けてください」というかすかな声が聞こえてきました。

そのときです。彼女の左肩を誰かが触り、こう呼びかけました。「諦《あきら》めるな、踏ん張れ。光が見えるだろう？　そこに向かってはって行け！」。必死にはい出したサーローさんが振り返ると、さっきまで自分がいた建物が燃えていました。建物の中にいた同級生のほとんどは、生きたまま焼き殺されました。

彼女の愛した広島の街は、たった一発の爆弾で完全に破壊されていました。爆心地近くの住民のほとんどは溶けて蒸発したり、黒焦《くろこ》げの炭となりました。その中に、彼女の家族や三五一人の同級生もいました。さらにその後も放射線の影響によって、周囲の人が次々と不可解な形で亡くなっていきました。

サーローさんが特に忘れられないのは、英治さんという当時四歳の甥っ子のことです。英治さんは、「何者かも判別できない溶けた肉の塊」になっていました。彼女は言います。「私にとって彼(英治さん)は、世界で今まさに核兵器によって脅されているすべての罪のない子どもたちを代表しています。毎日、毎秒、核兵器は、私たちの愛するすべての人を、私たちの親しむすべてのものを、危機にさらしています。私たちは、この異常な状況をこれ以上許してはなりません」。

被爆者として体験を語るサーロー節子さん．横断幕には，広島で命をおとした同級生たちの名前が書かれている．たった一発の爆弾が多くの少女たちの未来を奪った（2015 年 10 月，アメリカ，サンタバーバラ）（NGO「核時代平和財団」提供）

広島や長崎では、おびただしい数の子どもたちが亡くなりました。彼女は、亡くなった生徒たちの名前を記した何メートルもある布を持ち歩き、証言の際に広げています。彼女は、「怒り」を表明する重要性を口にします。子どもたちを襲った理不尽な暴力に対する「怒り」が、サーローさんを突き動かしてきたのです。そして原爆という「人類最悪の日」を経験した彼女は、自らの力で核兵器禁止条約の採択に貢献し「人類最良の日」をたぐりよせました。授賞式でのスピーチで、サーローさんは八五歳という年齢を感じさせないほど力強く、こう呼びかけました。「これを核兵器の終わりの始まりにしましょう!」と。

異常な世界

サーローさんとベアトリスさんのスピーチには、同じフレーズが繰り返し使われました。それは、"INSANITY"(=異常、どうかしている)という言葉です。人類を皆殺しにできる核兵器に頼って生き続けること、そしてその兵器をいつでも使える状態にしておくことで安全が保たれるという核抑止の論理は、まさに異常な状態です。彼女たちは、それを正常に戻そうと訴えました。

核抑止の論理を掲げる人たちは、「それが現実だし、自分たちは現実主義者だ」と言います。しかし僕はそうは思いません。核抑止の論理が今日まで続いてきたのは、政治指導者たちが現実に真剣に向き合ってこなかったからです。「これまで核は使われてこなかったから、これからもどうにかなるだろう」という根拠のない想定をしているだけです。思考停止ともいえます。核兵器が使用されてしまってから「核抑止は間違っていた！」と気がついても、遅すぎます。そうなったときには、誰も責任をとることができません。ある意味で、日本の原発問題とよく似ています。

福島の原発で事故が起きた際、国や電力会社の責任者たちは口をそろえて「想定外だった」と言い訳をしました。でも、地震や津波によってこのような事態が起きる危険性は、以前から専門家の間で指摘されていました。本当のところは「日本の原発は絶対に安全」という根拠のない神話を信じて、思考停止していた関係者にとって想定外だった、ということにすぎません。そして、事故が起きても誰一人として責任をとることはできませんでした。大規模な原発事故の責任などとりようがないのです。責任がとれないものを推進するのはまさに無責任です。

もし核兵器が使用されてしまえば、その影響ははるかに大きなものになります。核兵器の存在を許しておくことが異常な状態であると自覚して、一日でも早く廃絶への道のりを築かなければなりません。

「必要悪ではなく絶対悪」

サーロー節子さんはスピーチで「核兵器は、必要悪ではなく絶対悪」と語りました。人類の歴史では「必要悪」として続けられてきたものが「絶対悪」とされたことで、なくなってきました。認識が変わることで、ルールが変わったからです。

たとえば、奴隷《どれい》制度の廃止や人種差別制度の廃止です。あるいは、女性に参政権が認められたり、子どもの権利条約ができたことです。最近では、性的マイノリティ（LGBT）の人びとの権利の向上を求める動きが広がっています。どれも、人間の権利に根ざして社会のあり方を問い直す動きといえます。

奴隷制度は、奴隷となった人たちが人間扱いをされず、ひどい状態に置かれてきました。それでも人びとは長い間、「かわいそうだけど仕方ない」とか「必要悪だ」と考えてきました。そんな中で、最初に奴隷制をなくそうと思った人たちは何をしたでしょうか？　彼らは、奴隷制を「必要悪」ではなく「絶対悪」で、許されないと言ったのです。

最初にそう言った人は、冷笑されたり無視されたかもしれません。非現実的だとも言われたでしょう。でも徐々に「絶対悪」と言い始める人が増えてくると、果たしてどちらが正しいかという議論が始まります。議論を重ねるうちに、奴隷制度は「絶対悪」であると認識されるようになり、最後はほとんどの人がやってはいけないことと考えるようになりました。その変化に合わせて、世界のルールも変わったのです。

すべては、おかしいことを「おかしい」と言うことから始まります。これまで「世界の平和のためには、核兵器をもつことが、ほめられたことでないとしても必要なことだ」と考えられてきました。でも、被爆者やＩＣＡＮは「それは絶対におかしい」と声を上げたのです。

意思表明が社会を変える

おかしいと声を上げることが、なぜ大切なのでしょうか？　「核兵器廃絶」と言って何になるのかと、思う人もいるかもしれません。でも、核兵器という異常なものに対して誰も声を上げなければ、社会が許していることになります。意思表示をして声を上げることで、変化が生まれ、隠れていた問題が見えるようになります。

最近の例でいえば、"#MeToo" という運動があります。これはセクハラ(セクシャルハラスメント＝性的嫌がらせ)を受けたことを告白して、その問題の存在を世の中に広めるものです。もちろん、告白したからといってすぐに何かが変わるわけではありません。でも誰かが行動したことで、「私もセクハラを受けて嫌な思いをした」と告白する人が次々と現れました。人間の社会は、意思表明で成り立っています。声を上げる人が増えることで、社会の雰囲気は確実に変わっていきます。

そもそも「セクハラ」という言葉をつくった人はすごいと思います。言葉にすることで、その行為が問題だと分かるようになったからです。言葉ができる前からセクハラ行為はありましたが、言葉を発明し、「これはハラスメント」であり「嫌がらせ行為だ」と定義したことにより、世の中の常識を問い直しました。"#MeToo"の動きにも同じことが言えます。「意思表明をして社会の常識を変える」というと大変なことのようですが、たとえばフェイスブックやインスタグラムなど、ソーシャルメディアで「いいね!」を押すことも、簡単にできる意思表明の一つです。「核兵器は悪いもので、なくさなければならない」と言い続けていくこと。それが、誰にでもできる核廃絶への最初の一歩になるのです。

NGOで仕事をする

ベアトリスさんをはじめ、ICANに集ったメンバーは、「社会のおかしいところを変えるために、はっきりと意思表明をしたい」と考えてきました。ベアトリスさんは、難民問題をきっかけにNGO活動に関わるようになりました。他のメンバーも、それぞれこだわりのテーマがあり、社会を変えたいと思っています。いまは核廃絶を共通の目標にして頑張っていますが、核兵器をなくした後は、それぞれが自分の目標を見つけて、活動をしていくことになるでしょう。

ＩＣＡＮに集う若者たちのように、日本からも社会に対して意思表明をして行動する若い人がどんどん出てきてほしいと思います。その際に、たった一人で意思表示することも大切ですが、大勢を巻き込んだ方がより効果があります。ＮＧＯに参加すれば、その声をムーブメントにして、さらに広げていくことができるかもしれません。

もしあなたがＮＧＯで働きたいとか、国際平和のために活躍したいと考えていたら、できることはあります。その一つが、ボランティアやインターンとして関わってみることです。日々の活動だったり、国際社会で起きている現実を知る貴重な経験になるはずです。語学力があれば、海外のＮＧＯでインターンをすることもお勧めです。

ただ、あなたがＮＧＯに就職したいと考えていたら、日本のＮＧＯはその期待に十分には応えられないかもしれません。ボランティアやインターンから有給スタッフになるには、それなりのスキルや経験がないと難しいのが現状です。また、有給スタッフになれたとしても、一般的な企業と比べて、待遇面などの環境が整っているとは言えません。そのため、単にお給料の対価として働くとか、上からの指示で動くという気持ちでは続けられないと思います。何より、社会を変えたいという強い意志が必要です。

それでも、こういう分野で若い人がもっとたくさん活躍していくことは、社会の未来を切り開くために必要なことです。まずは、どんな形であれＮＧＯの扉を叩いてみてください。僕としても、ＮＧＯで働く人を増やせる環境づくりに取り組んでいきたいと思います。

なぜ外交官でなくNGOだったのか?

ＮＧＯ以外では、地方自治体の職員という選択肢もあります。一般的には、国際平和に直接携わる仕事は多くはありませんが、広島や長崎、沖縄など、平和について熱心に取り組んでいる自治体では、そのような部署を設けている場合があります。そのような自治体で、自分が活躍できる場所があるかを探してみる価値はあるでしょう。

国際社会で活躍する道としては、政府機関に行くという選択肢もあります。僕の周りにも何人か、外務省や政府機関に入った人がいます。ＮＧＯとは違って、公務員は給料も保障され、ちゃんと休暇など社会保障制度が整っています。何より影響力が大きいので、仕事によっては大きなやりがいも得られます。

僕が大学を卒業する前に、外務省に入った友人から「川崎も平和について考えているんだったら、外務省に入って外交官になった方がいい」と誘われました。僕がまだボランティアで、外国人労働者の支援などをしていた頃のことです。彼に言われて少しだけそういう道も考えましたが、「そう言ってくれるのはありがたいけど、僕の性には合わないや」と言いました。

政府機関はとても大きな組織なので、自分のやりたい部署で働けるという人はごく少数です。たまたま自分の希望する部署につければラッキーですが、だいたい二年から三年で違う部署に異動になったりします。このような環境では、一つのことを専門的に突きつめていくことができません。そして何より、大きな方針は大臣や政治家が決めるので、自分の意思で決められることはほとんどありません。僕はそれが性に合わないと思ったのです。僕がＮＧＯで活動し続ける最大の理由は、自分の意思で決められる部分が本当に大きいということです。もちろんそこには、大きな責任もリスクも伴いますが。

僕が社会問題に関心をもち、行動を起こした原点は、学生時代に中東で始まった戦争でした。そのとき「戦争のない世界をつくりたい」と心の底から思いました。僕はその思いをもち続けて、ＮＧＯの現場で実践してきたつもりです。そして最近は、自分たちが続けてきたことが、戦争のない世界のためにいくらかは貢献できているのではないか、という手応えも感じられるようになりました。核兵器禁止条約もつくれたし、ICANとしてノーベル平和賞もいただくことになりました。こうしたことは、僕がNGOで働いていなければ得られなかった経験です。

世の中を見回しても、自分が好きなことを選んで仕事にできている人は本当に少ないように思います。そのような意味で、僕は幸せだと思います。「好きなことを仕事にする」というのは、何でも思いどおりになることとは違います。全然うまくいかなかったり、つらいことがいっぱいあったりもします。特にこういう分野の仕事では、たいしてお金も稼げません。でも僕にとってはお金を稼ぐことよりも、やりたいことができるという価値の方がはるかに上回っています。そしてつらい経験も含めて、すべてがいまの自分の貴重な財産になっています。

NGOの声に耳を傾ける外交官

そうはいっても、政府機関に入ると個人的な意思では何もできない、というわけではありません。海外に目を向けると、自分の国の方針とは違っても、個人的に声をかけてきてくれた政府関係者が大勢いました。

　たとえば、二〇〇八年に北海道の洞爺湖《とうやこ》でG8サミット(主要国首脳会議)が行われたときのことです。僕がNGOとして平和問題や核問題について政策提言する準備をしていたところ、イギリス大使館で要職にある方から僕に会いたいと連絡がありました。会ってみると「イギリスは今回のサミットで重要な役割を果たしたいので、君たち開催国のNGOの意見も聞かせてほしい」と言われました。もちろん、NGOの提言内容はイギリス政府の方針とはまるで違います。それでも彼は、僕と会う前にすでに僕たちの提言書を印刷して読み込んでいたのです。彼の手元に僕らの提言書があって蛍光ペンで線まで引いてあったので、そのことが分かりました。方針が違っても、そういう態度をとられると、嫌な気持ちはしません。結局、彼とは一時間半も話をしました。このような非公式な意見交換は、他の国の外交官とも行うことがありました。意見が違っても対話しようという姿勢は、いろいろな国の外交官に共通していました。

　しかし、日本の在外大使館の職員がそういうことをしているかというと、少なくとも僕は聞いたことがありません。NGOの会合に出席してメモをとり上司に報告することはあるでしょう。でも、意見が違っていたり、反対している人たちのところへわざわざ出向いて対話するようなことはしていないと思います。それが、日本の外交官をはたから見ていて僕が抱く印象です。もしあなたが、将来は政府機関で働きたいと思っているのなら、意見の異なるNGOにも積極的に飛び込んで対話するような人に、ぜひなってほしいと思います。

あなたにできる六つのこと

核なき世界に向けて、みなさん一人ひとりにもできることがあります。ノーベル平和賞の授賞式に出発する直前、張り切って家で準備していた僕は、当時中学生だった息子からこんなことを言われました。「お父さんは何だか張り切っているみたいだけど、僕のクラスでICANとか核兵器禁止条約について知っているのは、二人か三人しかいないよ」と。ちょっとそれはショックでした。でも、ノーベル平和賞をもらう前は、クラスで一人も知られていなかったのが、受賞したことで二人から三人に増えたのかもしれません。いずれにしても、まだまだほとんど知られていないのは事実です。

戦争で原爆が落とされたのは、世界の歴史の中で日本の広島と長崎だけです。息子に学校の教科書を見せてもらったら、広島や長崎のことが結構な分量で書かれていました。さらに、社会科の教科書には「核兵器廃絶は日本の外交の優先事項です」と書いてありました。これにはさすがに驚きました。核兵器禁止条約ができたのに日本政府は参加していないし、それどころか反対しています。そしてそのことを、三〇人のクラスメートのうち二人から三人しか知らない。他の人たちは、日本は被爆国として核兵器廃絶を訴えている熱心な国だと漠然と思っているのではないでしょうか？　あるいは、まったく知識や関心がない人もいるでしょう。いずれにしても、被爆国なのに核兵器禁止条約に反対しているという問題が、ほとんど話題になっていません。

少なくともクラスの半分以上、国民の半分以上の人が、やっとできた核兵器禁止条約に日本が参加していないと知るようになれば、「それでいいの？」という議論が高まるはずです。そうした意識の高まりが、世の中を変える力になります。まずは多くの人が知る、知った人は周りに広めるというのが一人ひとりにできる大切なことです。

その上で、みなさんが具体的にできることを六つ紹介します。一つめは、いまお話ししたように「広めること」です。ソーシャルメディアなどを使って、ＩＣＡＮや核兵器について話題にしてください。僕たちはいま〝#YesICAN〟というタグを付けてフェイスブックやツイッターなどでこの話題を拡散しています。核廃絶への近道は、一般の人が身近なところで話題にすることです。簡単にできることなので、ぜひやってほしいと思います。

ICANの事務局長，ベアトリス・フィンさんと筆者．手には「#YesICAN」のカード

二つめは、署名運動です。いまは「ヒバクシャ国際署名」というとても大きな署名運動が世界的に広がっています。これは、核兵器の禁止と廃絶を求める国際的な署名運動で、開始して一年半ですでに五〇〇万人以上の署名が集まりました。この署名運動に参加することは、意思表明の一つになります。

三つめは、平和博物館を訪れることです。全国には、過去の戦争の様子などを展示する平和博物館があります。広島や長崎の原爆資料館はもちろんですが、東京都にある「都立第五福竜丸展示館」や、埼玉県にある「原爆の図丸木美術館」など、ぜひ訪れてほしい場所があります。このような生の資料や記録などの展示を見ながら、戦争や核兵器について思いをめぐらせてみてください。

四つめは、市町村レベルのイベントなどに参加することです。日本の多くの市町村は、自治体で非核宣言を出しています。また平和首長会議という枠組みもあり、これには日本だけでなく世界中の約七五〇〇の都市が加盟しています。

日本では、毎年八月頃に平和都市に関するイベントを行っている自治体があります。まず自分の住む街がどのような取り組みをしているかについて調べ、関心をもって参加してみましょう。

五つめは、国政レベルでの関わりです。政治を変えるためには、国会議員が動く必要があります。まず一八歳以上の人には必ず選挙に行ってもらいたいのですが、立候補している議員が核兵器の問題に関心があるとは限りません。そこでちょっと勇気がいるかもしれませんが、いろいろな候補者に核兵器の問題をどう考えているかについて質問してほしいのです。

僕の友人で国会議員になった人がいます。彼女に聞いたところ、国会議員は地元の有権者の票で選ばれるので、地元民の意見にはすごく敏感だと言っていました。地元の有権者から核兵器の問題についての質問が来れば、考えざるをえなくなります。逆に言えば、質問が来ない限り考えないということです。日本には七〇〇人余りの国会議員がいますが、核問題や核兵器禁止条約についてきちんと理解している人は果たして何人いるでしょうか。僕の感触では、一〇人いるかいないかという感じです。

一般の人たち、つまり有権者が関心をもたなければ、国会議員も関心をもちません。政府はこれまでどおりアメリカの顔色をうかがいながら、「核兵器は必要です」という立場を続けていくことでしょう。ICANに参加している若い人たちは、それぞれの国で候補者や国会議員に声をかけることを当たり前のようにやっています。そんな彼らに、日本で若者の投票率が低いと話すと驚かれます。ICANの若者が特別すごいというわけではありません。日本の若者にも、ぜひ行動してもらえればと思っています。

あなたにできることの最後は、被爆者の話を聞くことです。最後と言いましたが、むしろ最初にした方がいいかもしれません。第1章でも取り上げましたが、これはできるだけ早くやってほしいと思います。この本を読んでいるあなたの世代は、被爆者から直接話を聞ける最後の世代です。これまで被爆者の話を聞いたことがないという人も多いでしょう。でもまだ間に合います。すべての被爆者の方が本当に亡くなってしまう前に、広島や長崎で起こったことについて、生の証言を聞いてほしいのです。

被爆者の方は、広島と長崎にしかいないわけではありません。原爆投下の後、各地域に移住した方が大勢います。日本全国各地に被爆者の会はあります。具体的には、みなさんの学校の先生に「被爆者の方の話を聞きたい」と相談すれば、先生が学校の近くにある被爆者の会に連絡をとって、話を聞く機会をつくってくれるはずです。

僕はふだん「命の大切さ」や「愛」について語るタイプではありません。僕の性格や日頃の行いを知っている人は、僕がいきなり「愛」などと言ったら吹き出して、「お前が言うな」とか「キャラに合わない」と言うかもしれません。そんな僕でも、被爆者の方たちの話を通じて、人間にとって本質的に何が大切なことなのかを教えてもらいました。だからこそ、みなさんに被爆者の話を聞いてほしいとお勧めしているのです。

核兵器がなくなれば平和になる？

最後に、これまで僕が何をめざして頑張ってきたのかという話をします。僕は核廃絶に向けて努力してきましたが、それを最終的な目標にしているわけではありません。自分のこだわりは、戦争をなくすことです。核兵器をなくすことと、戦争をなくすことは、同じではありません。

広島・長崎関連の話では、よく核兵器廃絶と世界平和がセットで語られます。しかし、核兵器廃絶＝世界平和と考えてしまうと、それは誤解です。核兵器をなくしても、それだけでは戦争をなくすことができないからです。たとえばテロの問題、領土問題や地域紛争、独裁政治や人権侵害、進化し続ける最新兵器、そして各国の軍隊をどう減らしていくのか……などなど山のようにある問題は、仮に核兵器がなくなったとしても、それとは別に一つずつ解決していかなければなりません。

もし世界から核兵器がなくなったら、どんな世界になるでしょうか？　それは、一見するといまと変わらない世界かもしれません。でも、いまよりも少し安全な世界になります。少なくとも、暴力や戦争が起きたとしても破滅的な核戦争につながる恐れはなくなります。そして、絶対になくせないと思われている核兵器をなくすことができれば、きっとその先には、戦争をなくすこともできるはずです。核兵器をなくすことは、戦争をなくす重要なカギになります。

受験勉強で見えなくなること

何度も言うように、学生時代にバックパッカーの旅で訪れた中東地域で戦争が起ころうとしたとき、自分はなんとか戦争を止めたいと思いました。また、NGOで働き始めてからは、戦争が起こらない仕組みをつくりたいと思ってやってきました。そんなふうに言うと、夢物語を語っているように聞こえるかもしれませんが、お医者さんが人生をかけて人の病気を直すように、人生をかけて戦争をなくす仕事があってもいいのではないかと思うのです。

そんな僕の原動力になってきたものとして、自分の周りへの反発心があります。特に、大学時代、いまにも戦争が起ころうとしていたときに、周りの学生が何の関心も示さなかったことにはとてもショックを受けました。学生が社会に無関心になる背景には、受験勉強の影響があると思います。僕自身は高校のとき、ありがたいことに勉強する内容に興味をもつことができました。でも、一般的に受験は、点数をとれるかどうかだけの世界です。日本の社会は、受験で点数がとれると社会的地位が上がっていく仕組みになっています。

しかし、テストで高得点をとる技術は身につけても、社会で起きていることに無関心で、社会に対する責任意識がないというのでは問題です。「自分さえよければ後は何が起きようが構わない」というような態度は、社会にさまざまな問題を引き起こす可能性があり、とても危ういと思います。

僕の周りにいた、社会に興味のなかった東大の学生たちはいま、政府関係や国の官庁や企業などで中心を担う世代になっています。もし彼らがあのときのまま、この国で大きな影響力と決定権をもつようになっていたら、それはとても心配なことです。

これからの世代の人たちには、ぜひ自らの命の重みを知り、自分から遠く離れたところにいる人についても近くにいる人と同じように考える責任意識を育んでほしいと思います。

本当の問題はその先にある

日本はいま、たいへんな危機を迎えています。というと、多くの人は北朝鮮の脅威を思い浮かべるかもしれません。たしかにそれも不安要素です。でも、自然災害や格差社会、貧困問題、家族の虐待といった社会的課題は年々深刻化しています。さらには、少子高齢化、医療と介護、地域の衰退、エネルギー問題、財政の問題など、国を根本的に揺さぶる可能性のあるテーマはいくらでもあります。

しかもこれからは、そのような問題が一つではなく、いくつも重なってより複雑になっていきます。目先の問題だけに対処していても、解決にはつながりません。「安全保障」というと、軍事的なテーマだけだと思われがちですが、本当の安全保障とは、そういうことを含めて命や暮らしをどう守っていくかということだと思います。

日本は近年、毎年のように軍事予算を増やしていますが、それで解決できる問題が多いとは思えません。テロや難民、領土問題、貿易摩擦といった国際的な問題は、一カ国で対処しても解決できないからです。あるいは、日本の外交がこれまでやってきたように、アメリカだけに依存していても解決は難しいでしょう。国際的な幅広い交渉と協調の中で、初めてさまざまな課題が改善されていくはずです。

若い人たちには、いま挙げたような、これから直面するさまざまな問題について、自分の頭で真剣に、かつ批判的に考えて、解決に力を注いでほしいと思います。でも、そうしたさまざまな仕事にとりかかる前に、やっておかなければいけないことがあります。それが核兵器の廃絶です。

人類の生存そのものを脅かす核兵器は、まだ一万五〇〇〇発も残っています。僕の上の世代がつくってしまった核兵器の問題を、僕が若い頃になくすことができればよかったのですが、だいぶ時間がたって僕はもうすっかりおじさんになってしまいました。でも、少なくとも自分が生きているうちに、何とかしたい。僕は次の世代のみなさんに対して、この問題を一部負担させなければならないことを、本当に申し訳ないと思っています。でも、みなさんにも協力してもらわないと核兵器はなくなりません。

いまも日本政府は、「核兵器が必要だ」といっています。とんでもない話です。これを変えさせるためには、みなさんの協力が必要です。本来向き合うべき問題に対処する前に、存在自体が危険でバカげている核兵器をなくすために、少し力を貸してほしいのです。無名の人たちの集まりであるＩＣＡＮが世界を動かせたように、みなさん一人ひとりには、世界を変える力があるのですから。

コラム❸　イラン核合意

中東の国イランが、核不拡散条約の義務に反して密かに核兵器開発のための活動を行っているのではないかとの疑惑が、二〇〇二年に持ち上がりました。これに対してイランは、自分たちが行っている活動はあくまで原子力の「平和利用」であると主張しました。

この問題に対する国際的な交渉が繰り広げられた結果、二〇一五年七月、イランと六カ国(アメリカ、ロシア、イギリス、フランス、中国＝以上、国連常任理事国五カ国とドイツ)および欧州連合(EU)の間で包括的な行動計画の合意が結ばれました。これは、イランの核開発活動を長期間制限する見返りに、欧米諸国がイランにしていた経済制裁を解除する内容で、二〇一六年一月に履行されました。

しかし二〇一八年五月、アメリカのトランプ大統領はこの核合意から離脱することを発表し、解除していた経済制裁を再開する方針を明らかにしました。これに対してイランは核関連の活動を再開する可能性を示しています。イランが核開発に走れば中東地域の他の国々にも同じような動きが広がるおそれがあるため、動向が懸念されています。

エピローグ

小さな前進と、小さな危険信号

ノルウェーでの朝食会

ノーベル平和賞の授賞式があった翌朝、僕はICANの同僚たちとともに、ノルウェーの総理大臣との朝食会に出席しました。現在のノルウェー政府はアメリカ寄りで、核兵器禁止条約にも反対の立場をとっています。それでも総理は、面会して僕たちと意見交換をしてくれました。その後、国会議長とも話をする機会をいただきました。ちょうどノルウェーの国会では、「核兵器禁止条約に参加するためには、どのような条件が必要か」というテーマを一年かけて議論していくことを決めようとしているときでした。国会議長は、「議会というのは人びとのさまざまな意見をもち寄って話し合う場だから、賛成、反対、それぞれに大いに話し合ってもらいたい」と語りました。

オスロの街に出ると、メインストリートに「核兵器を禁止しよう(Ban the Bomb)」という大きな垂れ幕がたくさん並んでいました。ノーベル平和センターが、記念展覧会の宣伝のため掲げたものです。僕は、ノルウェー政府が核兵器禁止条約に反対しているのにこんなことをやるなんて、おもしろい国だなと思いました。日本でも、広島や長崎だったらこういうことをするかもしれません。でも東京・銀座の目抜き通りで「核兵器禁止」という垂れ幕がずらっと並ぶ様子は想像できません。

よく考えたら、ＩＣＡＮにノーベル平和賞を贈ること自体も微妙な話です。平和賞以外のノーベル賞は、スウェーデンのストックホルムで決めています。しかし平和賞だけは、ノルウェーのノーベル委員会が決めています。委員は、ノルウェー国会から指名されます。もし日本だったら、国会で人選した委員会が日本政府の意向に反対するようなことはやりません。でもノルウェーでは、自国の政府が条約に反対だと分かっているのに、ＩＣＡＮにノーベル平和賞を与えました。

ちょうどその頃、日本で流行語大賞が発表されました。二〇一七年の流行語大賞は「忖《そん》度《たく》」が選ばれました。もともとは相手の気持ちを察するという意味ですが、このときは役人が政治家の意向を察して、不正を行った可能性が指摘され話題となりました。忖度は、上司や権力者の意向を過剰なまでに気にする日本社会を象徴している言葉かもしれません。実際に日本では、政府が反対する立場をとっていることで、核兵器禁止条約ができたことも、ＩＣＡＮがノーベル平和賞を受賞したこともなかなか話題になっていません。

でも、僕が見たノルウェーは、忖度をまったくしていませんでした。意見が違っても首相も国会議長も会ってくれるし、みんなで堂々と議論しようという清々しい雰囲気がありました。ノルウェーだけでなく、国際社会に出ると日本式の「空気を読む」というやり方はまったく通用しません。ちゃんと自己主張をして、説明責任を果たさないと誰も納得してくれないからです。僕自身も、立場や意見の異なる人と対話する姿勢を大事にしてきました。それによって、相手の側もこちらの意見に耳を傾けてくれるようになりました。そういう人たちとの対話からは、多くのことを学ばせてもらいました。

日本政府が「核兵器は必要」という立場をとるのであれば、なぜそうなのかについてとことん議論する場をつくることが大切です。政府に限らず、この国では核兵器についてあまりに議論がなさすぎるように思います。

小さな一歩の積み重ね

みなさんが、もし社会を変える仕事に興味があるのであれば、「小さな前進」と「小さな危険信号」に気づける人になってほしいと思います。核兵器禁止条約の採択とノーベル平和賞の受賞は、自分たち自身も信じられないような、大きな成果となりました。でも日々やってきたことは、めちゃくちゃ地味なことの積み重ねでしかありません。「国際社会で政策提言の活動をしている」といえばなんだか格好よく聞こえますが、実際の作業は、文書や議案の細かい表現をちょこっと変えることだったり、被爆者の証言を英語にするための通訳を手配することだったり、国際会議の限られた枠になるべく多くの国のNGOが入れるように参加者名簿の調整をすることだったりするのです。

いずれにしても日々の前進は、本当に小さな一歩でしかありません。はたから見れば、何も進んでいないように見えるかもしれないくらいです。でも巨大な成果にたどり着くためには、小さな前進を繰り返すしかありません。社会を変える仕事は、分かりやすい成果がなかなか出るわけではありません。ほとんどの道のりは困難で、つらいことばかりです。僕自身も、つい愚痴を言ってしまったり、悔しくて涙を流したこともあります。それでも、小さな前進に気づき、それを自分で評価できたからこそ、いままで続けてこられました。ノーベル委員会は第三者として、僕たちが積み重ねた小さな前進を認めてくれたのかもしれません。

一方で、小さな危険信号に気づく力も大切です。政府は、いきなり「今日から戦争をします」と発表するわけではありません。戦争への道というのは、ちょっとずつ、ちょっとずつ、一般の人が気づかないようなレベルで進んでいくのです。そして、誰もが分かるほど危険になったときにはもう、後戻りすることができなくなっています。

世の中、すべて前進だけということはありません。たとえば、前進が三つあって、危険信号が二つあるような状態はよくあります。ＮＧＯ活動を進める際には、その両方を見極める力を磨き、それに応じて計画を立てて実行し、評価することが大切になります。僕も最初は分からないことだらけでしたが、こうしたことを現場で学ぶことができました。自分なりにできるようになったのは、周りの仲間たちのおかげです。

特に、世界中にいる仲間のおかげで、自分がやっていることを客観的に見る視点を養うことができました。もちろん、日本にいる仲間たちにもずいぶんと助けられていますが、同じような環境にいる人たちだけで集まっていると、自分たちだけの考えで進めてしまいがちになります。環境がまったく違う世界各国の仲間や外交官に揉まれる中で、自分たちの立ち位置や、他の角度からどう見えるのかといった評価がだんだんとできるようになってきたと思います。

みなさんもぜひ機会を見つけて、日本から飛び出して世界の人たちと交流してみてください。国際会議に参加するのは敷居が高いかもしれませんが、きっかけは何でも構いません。バックパッカーの旅でもいいし、留学でもいいし、ピースボートへの乗船でもいい。国際社会の現状を知り、さまざまな課題について議論をしたり、互いに刺激を与え合えるような関係をつくってもらえれば幸いです。周囲の空気に振り回されず、自分で考える力はそうした経験によって養われます。そして自分がほしい未来を、みなさん自身の手でつかみとってください。

おわりに

核兵器の話を、実感をもって理解するのはなかなか難しいことです。まず、核兵器が実際に広島と長崎で使われたのは、もう遠く七〇年以上前のことです。そして、ふだん日本でテレビやネットの情報をながめていると、隣国である北朝鮮の核問題だけが気になってしまい、核問題が世界全体にあることがなかなか実感できません。さらに、核をめぐる国際的な動きは、どうしても遠く離れた外国で起きていることと感じてしまいます。

そんな中で、この本では、核兵器のことをなるべく実感をもって理解してもらえるようにと工夫したつもりです。みなさんの中で、何かの気づきがあれば、嬉《うれ》しいです。

核兵器をめぐって、世界は日々動いています。この本は、基本的に、二〇一八年六月時点でまとめています。六月には、アメリカのトランプ大統領と北朝鮮の金正恩委員長が朝鮮半島の非核化をめぐる歴史的な会談を行いました。それが今後どのような動きにつながっていくか、この本だけでは十分には予想できません。しかし、今後どのような動きが起きたとしても、この本に記した基本的な視点は、みなさんが考えていくための大切な手がかりになるはずです。

この本をまとめるにあたって、お世話になったみなさんへ感謝を捧げます。本書の企画を立ち上げ、全面的にサポートしてくれた高橋真樹さん、原稿を何度も確認し的確なアドバイスをくれた岩崎由美子さん。困難な条件にもめげず日々活動に奮闘しているNGOの仲間たち、僕が振り回して迷惑ばかりかけているのにそれでも一緒に汗をかいてくれる同僚たち。僕がやってきた活動は常に、これらの仲間や同僚たちとの共同作業でした。また、苦労ばかりかけているのに日々支えてくれている家族には、感謝を表す適切な言葉が見あたりません。

そして、国内外で証言活動をし続けてくださっている被爆者のみなさんには、とりわけ深い感謝の念と敬意を送ります。僕が活動でご一緒させていただいた被爆者の方の中には、すでに亡くなられた方も大勢いらっしゃいます。改めてご冥福を祈りつつ、そのメッセージを今後も世界中に届けていきたいと思います。

世界中に存在する一万五〇〇〇発の核兵器をなくすための動きは、まだまだ道なかばです。それでも、地道な努力を積み重ねたことで国際社会が動きつつあります。核兵器は必ずなくせます。ノーベル平和賞の受賞スピーチで、サーロー節子さんが語ったこの言葉のように。

諦めるな、踏ん張れ。光が見えるだろう？　そこに向かってはって行け！

二〇一八年六月　**川崎　哲**

■核問題年表

一九四五年	七月	アメリカが世界初の核実験
同年	八月	アメリカが広島と長崎に原爆投下
一九四九年	八月	ソ連が初の核実験
一九五二年	一〇月	イギリスが初の核実験
一九五四年	三月	アメリカがビキニ環礁で水爆実験、第五福竜丸が被爆
一九六〇年	二月	フランスが初の核実験
一九六二年	一〇月	キューバ核危機
一九六四年	一〇月	中国が初の核実験
一九六七年	二月	ラテンアメリカ非核兵器地帯条約(トラテロルコ条約)署名
一九六八年	七月	核兵器不拡散条約(NPT)署名
一九七八年	五月	国連で第一回軍縮特別総会
一九八二年	六月	世界で反核運動高まる。ニューヨークでは一〇〇万人デモ
一九八六年	四月	チェルノブイリ原発事故
一九八九年	一二月	米ソが首脳会談で冷戦終結を宣言
一九九一年	一月	イラクで湾岸戦争

同年	七月	米ソ、第一次戦略兵器削減条約（ＳＴＡＲＴⅠ）署名
同年	一二月	ソ連が崩壊
一九九二年	一月	朝鮮半島非核化共同宣言
一九九五年	五月	ＮＰＴ無期限延長決定
一九九六年	七月	核兵器の使用を違法とするＩＣＪ勧告的意見
同年	九月	包括的核実験禁止条約（ＣＴＢＴ）署名
一九九八年	五月	インドとパキスタンが核実験
二〇〇一年	九月	アメリカで同時多発テロ事件が発生
二〇〇三年	三月	イラク戦争
二〇〇六年	一〇月	北朝鮮が初の核実験
二〇〇九年	四月	オバマ米大統領、「核なき世界」を掲げたプラハ演説
二〇一〇年	四月	赤十字国際委員会が核兵器廃絶を求める声明を発表
二〇一一年	三月	東日本大震災、東京電力福島第一原発事故が発生
二〇一六年	五月	オバマ大統領が広島を訪問
二〇一七年	七月	国連で核兵器禁止条約が採択
同年	一二月	ＩＣＡＮがノーベル平和賞を受賞
二〇一八年	六月	初の米朝首脳会談

■おすすめの本・映画など

この本を読んで、核や平和の問題について、もっと知りたい、考えたいと思ったあなたへ、おすすめしたい本や映画などを紹介します。

- 中沢啓治『はだしのゲン』全七巻（中公文庫、一九九八年）
- 中沢啓治『はだしのゲン　わたしの遺書』（朝日学生新聞社、二〇一二年）
- こうの史代『この世界の片隅に』全三巻（双葉社、二〇〇八年）
- こうの史代『夕凪の街　桜の国』（双葉社、二〇〇四年）
- 広岩近広『被爆アオギリと生きる　語り部・沼田鈴子の伝言』（岩波ジュニア新書、二〇一三年）
- 朝日新聞長崎総局『ナガサキノート　若手記者が聞く被爆者の物語』（朝日文庫、二〇〇九年）、『祈り　ナガサキノート2』（朝日文庫、二〇一〇年）
- 島田興生、羽生田有紀『ふるさとにかえりたい　リミヨおばあちゃんとヒバクの島』（子どもの未来社、二〇一四年）

■高校生一万人署名活動実行委員会、長崎新聞社編集局報道部『高校生一万人署名活動高校生パワーが世界を変える』(長崎新聞新書、二〇〇三年)
■川崎哲『新版　核兵器を禁止する　条約が世界を変える』(岩波ブックレット、二〇一八年)
■レイモンド・ブリッグズ『風が吹くとき』(さくまゆみこ訳、あすなろ書房、一九九八年)
■朝日新聞社　教育特集『知る原爆』(学校単位で朝日新聞社に注文できます。二〇一八年)
■中国新聞ヒロシマ平和メディアセンター『ピース・シーズ』(小学六年から高校三年までのジュニアライターが自らテーマを考え、取材・執筆)
(http://www.hiroshimapeacemedia.jp/)
■ヒロシマ・アーカイブ(http://hiroshima.mapping.jp)
■ナガサキ・アーカイブ(http://n.mapping.jp)
■ニコラス・メイヤー監督『ザ・デイ・アフター』(一九八四年)
■片渕須直監督『この世界の片隅に』(アニメ映画、二〇一六年)

川崎 哲

1968年生まれ．現在，NGOピースボート共同代表，核兵器廃絶国際キャンペーン(ICAN)国際運営委員兼会長．ピースデポ事務局長を経て現職．恵泉女学園大学非常勤講師．著書に『核拡散』(岩波新書)，『核兵器 禁止から廃絶へ』(岩波ブックレット)，『マンガ入門 殺人ロボットがやってくる!?』(合同出版)など．

企画協力：高橋真樹 1973年生まれ．ノンフィクションライター，放送大学非常勤講師．「持続可能な社会」をテーマに国内外を取材．著書に『こども気候変動アクション30』(かもがわ出版)，『日本のSDGs それってほんとにサステナブル？』『核兵器をなくすと世界が決めた日』(以上，大月書店)など多数．

核兵器はなくせる　岩波ジュニア新書 880

2018年7月20日 第1刷発行
2023年3月6日 第3刷発行

著　者　川崎《かわさき》 哲《あきら》

発行者　坂本政謙

発行所　株式会社 岩波書店
〒101-8002 東京都千代田区一ツ橋 2-5-5
案内 03-5210-4000　営業部 03-5210-4111
ジュニア新書編集部 03-5210-4065
https://www.iwanami.co.jp/

組版　シーズ・プランニング
印刷・三陽社　カバー・精興社　製本・中永製本

ISBN 978-4-00-500880-3　Printed in Japan

岩波ジュニア新書の発足に際して

きみたち若い世代は人生の出発点に立っています。きみたちの未来は大きな可能性に満ち、陽春の日のようにひかり輝いています。勉学に体力づくりに、明るくはつらつとした日々を送っていることでしょう。

しかしながら、現代の社会は、また、さまざまな矛盾をはらんでいます。営々として築かれた人類の歴史のなかで、幾千億の先達《せんだつ》たちの英知と努力によって、未知が究明され、人類の進歩がもたらされ、大きく文化として蓄積されてきました。にもかかわらず現代は、核戦争による人類絶滅の危機、貧富の差をはじめとするさまざまな人間的不平等、社会と科学の発展が一方においてもたらした環境の破壊、エネルギーや食糧問題の不安等々、来るべき二十一世紀を前にして、解決を迫られているたくさんの大きな課題がひしめいています。現実の世界はきわめて厳しく、人類の平和と発展のためには、きみたちの新しい英知と真摯《しんし》な努力が切実に必要とされています。

きみたちの前途には、こうした人類の明日の運命が託されています。ですから、たとえば現在の学校で生じているささいな「学力」の差、あるいは家庭環境などによる条件の違いにとらわれて、自分の将来を見限ったりはしないでほしいと思います。個々人の能力とか才能は、いつどこで開花するか計り知れないものがありますし、努力と鍛錬の積み重ねの上にこそ切り開かれるものですから、簡単に可能性を放棄したり、容易に「現実」と妥協したりすることのないようにと願っています。

わたしたちは、これから人生を歩むきみたちが、生きることのほんとうの意味を問い、大きく明日をひらくことを心から期待して、ここに新たに岩波ジュニア新書を創刊します。現実に立ち向かうために必要とする知性、豊かな感性と想像力を、きみたちが自らのなかに育てるのに役立ててもらえるよう、すぐれた執筆者による適切な話題を、豊富な写真や挿絵とともに書き下ろしで提供します。若い世代の良き話し相手として、このシリーズを注目してください。わたしたちもまた、きみたちの明日に刮目《かつもく》しています。（一九七九年六月）

888・887
数学と恋に落ちて
未知数に親しむ篇
方程式を極める篇
ダニカ・マッケラー
菅野仁子 訳

将来、どんな道に進むにせよ、数学はあなたに力と自由を与えます。数学を研究し、女優としても活躍したダニカ先生があなたの夢をサポートする数学入門書の第二弾。式の変形や関数のグラフなど、方程式でつまずきやすいところを一気におさらい。

890
情熱でたどるスペイン史
池上俊一

長い年月をイスラームとキリスト教が影響しあって生まれた、ヨーロッパの「異郷」。衝突と融和の歴史とは？（カラー口絵8頁）

891
不便益のススメ
―新しいデザインを求めて
川上浩司

効率化や自動化の真逆にある「不便益」という新しい思想・指針を、具体的なデザイン、モノ・コトを通して紹介する。

892
ものがたり西洋音楽史
近藤　譲

中世から20世紀のモダニズムまで、作曲家や作品、演奏法や作曲法、音楽についての考え方の変遷をたどる。

893
「空気」を読んでも従わない
―生き苦しさからラクになる
鴻上尚史

どうしてこんなに周りの視線が気になるの？どうして「空気」を読まないといけないの？その生き苦しさの正体について書きました。

894 内戦の地に生きる ―フォトグラファーが見た「いのち」 橋本 昇
母の胸を無心に吸う赤ん坊、自爆攻撃した息子の遺影を抱える父親…。戦場を撮り続けた写真家が生きることの意味を問う。

895 ひとりで、考える ―哲学する習慣を 小島俊明
主体的な学び、探求的学びが重視されているなか、フランスの事例を紹介しながら「考える」について論じます。

896 「カルト」はすぐ隣に ―オウムに引き寄せられた若者たち 江川紹子
オウムを長年取材してきた著者が、若い世代に向けて事実を伝えつつ、カルト集団に人生を奪われない生き方を説く。

897 答えは本の中に隠れている 岩波ジュニア新書編集部編
悩みや迷いが尽きない10代。そんな彼らに、個性豊かな12人が、希望や生きる上でのヒントが満載の答えを本を通してアドバイス。

898 ポジティブになれる英語名言101 小池直己 佐藤誠司
プラス思考の名言やことわざで基礎的な文法を学ぶ英語入門。日常の中で使える慣用表現やイディオムが自然に身につく名言集。

899 クマムシ調査隊、南極を行く！ 鈴木 忠
白夜の夏、生物学者が見た南極の自然とは？ 笑いあり、涙あり、観測隊の日常がオモシロい！〈図版多数・カラー口絵8頁〉

900 男子が10代のうちに考えておきたいこと　田中俊之

男らしさって何？　性別でなぜ期待される生き方や役割が違うの？　悩む10代に男性学の視点から新しい生き方をアドバイス。

901 カガク力《りょく》を強くする！　元村有希子

疑い、調べ、考え、判断する力＝カガク力！科学・技術の進歩が著しい現代だからこそ、一人一人が身に着ける必要性と意味を説く。

902 世界の神話　沖田瑞穂

個性豊かな神々が今も私たちを魅了する聖なる物語・神話。世界各地に伝わる神話のエッセンスを凝縮した宝石箱のような一冊。

903 「ハッピーな部活」のつくり方　中澤篤史／内田　良

長時間練習、勝利至上主義など、実際の活動から問題点をあぶり出し、今後に続くあり方を提案。「部活の参考書」となる一冊。

904 ストライカーを科学する　―サッカーは南米に学べ！　松原良香

南米サッカーに精通した著者が、現役南米代表などへの取材をもとに分析。決定力不足を克服し世界で勝つための道を提言。

905 15歳、まだ道の途中　高原史朗

「悩み」も「笑い」もてんこ盛り。そんな中学三年の一年間を、15歳たちの目を通して瑞々しく描いたジュニア新書初の物語。

906 レギュラーになれないきみへ　元永知宏

スター選手の陰にいる「補欠」選手たち。果たして彼らの思いとは？ 控え選手たちの姿を通して「補欠の力」を探ります。

907 俳句を楽しむ　佐藤郁良

句の鑑賞方法から句会の進め方まで、季語や文法の説明を挟み、ていねいに解説。句作の楽しさ・味わい方を伝える一冊。

908 発達障害 思春期からのライフスキル　平岩幹男

「今のうまくいかない状況」をどうすれば「何とかなる状況」に変えられるのか。専門家がそのトレーニング法をアドバイス。

909 ものがたり日本音楽史　徳丸吉彦

縄文の素朴な楽器から、雅楽・能楽・歌舞伎・文楽、現代邦楽…日本音楽と日本史の流れがわかる、コンパクトで濃厚な一冊！

910 ボランティアをやりたい！ ―高校生ボランティア・アワードに集まれ　風に立つライオン基金編　さだまさし

「誰かの役に立ちたい！」 各地でボランティアを行っている高校生たちのアイディアに満ちた力強い活動を紹介します。

911 オリンピック・パラリンピックを学ぶ　後藤光将編著

オリンピックが「平和の祭典」と言われるのはなぜ？ オリンピック・パラリンピックの基礎知識。

912 新・大学でなにを学ぶか
上田紀行 編著
大学では何をどのように学ぶのか？　池上彰氏をはじめリベラルアーツ教育に携わる気鋭の大学教員たちからのメッセージ。

913 統計学をめぐる散歩道
—ツキは続く？　続かない？
石黒真木夫
天気予報や選挙の当選確率、くじの当たり外れやじゃんけんの勝敗などから、統計のしくみをのぞいてみよう。

914 読解力を身につける
村上慎一
評論文、実用的な文章、資料やグラフ、文学的な文章の読み方を解説。名著『なぜ国語を学ぶのか』の著者による国語入門。

915 きみのまちに未来はあるか？
—「根っこ」から地域をつくる
除本理史
佐無田光
地域の宝物＝「根っこ」と自覚した住民によるまちづくりが活発化している。各地の事例から、未来へ続く地域の在り方を提案。

916 博士の愛したジミな昆虫
金子修治
鈴木紀之 編著
安田弘法
SFみたいなびっくり生態、生物たちの複雑怪奇なからみ合い。その謎を解いていくワクワクを、昆虫博士たちが熱く語る！

917 有権者って誰？
藪野祐三
あなたはどのタイプの有権者ですか？　社会に参加するツールとしての選挙のしくみや意義をわかりやすく解説します。

918 議会制民主主義の活かし方 ―未来を選ぶために 糠塚康江

私達は忘れている。未来は選べるということを。必要なのは議会制民主主義を理解し、使いこなす力を持つこと、と著者は説く。

919 繊細すぎてしんどいあなたへ HSP相談室 串崎真志

繊細すぎる性格を長所としていかに活かすかをアドバイス。「繊細でよかった!」読後にそう思えてくる一冊。

920 10代から考える生き方選び 竹信三恵子

10代にとって最適な人生の選択とは? 各選択肢が孕むメリットやリスクを俯瞰しながら、生き延びる方法をアドバイスする。

921 一人で思う、二人で語る、みんなで考える ―実践! ロジコミ・メソッド 追手門学院大学成熟社会研究所 編

課題解決に役立つアクティブラーニングの道具箱。多様な意見の中から結論を導くロジカルコミュニケーションの方法を解説。

922 できちゃいました! フツーの学校 富士晴英とゆかいな仲間たち

生徒の自己肯定感を高め、主体的に学ぶ場を作ろう。校長からのメッセージは「失敗OK!」「さあ、やってみよう」

923 こころと身体の心理学 山口真美

金縛り、夢、絶対音感――。様々な事例をもとに第一線の科学者が自身の病とも向き合って解説した、今を生きるための身体論。

924 過労死しない働き方 ―働くリアルを考える
川人 博
過労死や過労自殺に追い込まれる若い人を、どうしたら救えるのか。よりよい働き方・職場のあり方を実例をもとに提案する。

925 障害者とともに働く
藤井克徳
星川安之
「障害のある人の労働」をテーマに様々な企業の事例を紹介。誰もが安心して働ける社会のあり方を考えます。

926 人は見た目!と言うけれど ―私の顔で、自分らしく
外川浩子
見た目が気になる、すべての人へ!「見た目問題」当事者たちの体験などさまざまな視点から、見た目と生き方を問いなおす。

927 地域学をはじめよう
山下祐介
地域固有の歴史や文化等を知ることで、自分・社会・未来が見えてくる。時間と空間を往来しながら、地域学の魅力を伝える。

928 自分を励ます英語名言101
小池直己
佐藤誠司
自分に勇気を与え、励ましてくれるさまざまな先人たちの名句名言に触れながら、自然に英文法の知識が身につく英語学習入門。

929 女の子はどう生きるか ―教えて、上野先生!
上野千鶴子
女の子たちが日常的に抱く疑問やモヤモヤに、上野先生が全力で答えます。自分らしい選択をする力を身につけるための1冊。

930 平安男子の元気な！生活　川村裕子
意外とハードでアクティブだった!? 恋に出世にライバル対決、元祖ビジネスパーソンたちのがんばりを、どうぞご覧あれ☆

931 SDGs時代の国際協力 ―アジアで共に学校をつくる　西村幹子／小野道子／井上儀子
バングラデシュの子どもたちの「学校に行きたい！」を支えて――NGOの取組みから未来をつくるパートナーシップを考える。

932 コミュニケーション力を高める プレゼン・発表術　上坂博亨／大谷孝行／里見安那
パワポスライドの効果的な作り方やスピーチの基本を解説。入試や就活でも役立つ「自己表現」のスキルを身につけよう。

933 確かめてナットク！ 物理の法則　ジョー・ヘルマンス／村岡克紀訳
ロウソクとLED、どっちが高効率？ 物理学は日常的な疑問にも答えます。公式だけじゃない、物理学の醍醐味を味わおう。

934 深掘り！ 中学数学 ―教科書に書かれていない数学の話　坂間千秋
三角形の内角の和はなぜ180°になる？ なぜ割り算はゼロで割ってはいけない？ なぜマイナス×マイナスはプラスになる？…

935 はじめての哲学　藤田正勝
なぜ生きるのか？ 自分とは何か？ 日常の一歩先にある根源的な問いを、やさしい言葉で解きほぐします。ようこそ、哲学へ。

936 ゲッチョ先生と行く 沖縄自然探検　盛口 満

沖縄島、与那国島、石垣島、西表島、宮古島を中心に、様々な生き物や島の文化を、著名な博物学者がご案内！〔図版多数〕

937 食べものから学ぶ世界史 ―人も自然も壊さない経済とは？　平賀 緑

食べものから「資本主義」を解き明かす！産業革命、戦争…。食べものを「商品」に変えた経済の歴史を紹介。

938 国語をめぐる冒険　渡部泰明・平野多恵・出口智之・田中洋美・仲島ひとみ

世界へ一歩踏み出せば、新しい出会いと成長への機会が待っています。国語を使ってどう生きるか、冒険をモチーフに語ります。

940 俳句のきた道 芭蕉・蕪村・一茶　藤田真一

古典を知れば、俳句がますますおもしろくなる！ 個性ゆたかな三俳人の、名句と人生、俳句の心をたっぷり味わえる一冊。

941 AIの時代を生きる ―未来をデザインする創造力と共感力　美馬のゆり

人とAIの未来はどうあるべきか。「創造力と共感力」をキーワードに、よりよい未来のつくり方を語ります。

942 親を頼らないで生きるヒント ―家族のことで悩んでいるあなたへ　コイケ ジュンコ　NPO法人ブリッジフォースマイル協力

虐待やヤングケアラー…、子どもはどのようにSOSを出せばよいのか。社会的養護のもとで育った当事者たちの声を紹介。

949
進化の謎をとく発生学
―恐竜も鳥エンハンサーを使っていたか
田村宏治
進化しているのは形ではなく形作り。キーワードは、「エンハンサー」です。進化発生学をもとに、進化の謎に迫ります。

950
漢字ハカセ、研究者になる
笹原宏之
著名な「漢字博士」の著者が、当て字、国字、異体字など様々な漢字にまつわるエピソードを交えて語った、漢字研究者への成長記。

951
作家たちの17歳
千葉俊二
太宰も、賢治も、芥川も、漱石も、まだ「文豪」じゃなかった――十代のころ、彼らは何に悩み、何を決意していたのか？

952
ひらめき！英語迷言教室
―ジョークのオチを考えよう
右田邦雄
ユーモアあふれる英語迷言やひねりのきいたジョークのオチを考えよう！　笑いながら英語力がアップする英語トレーニング。

953
大絶滅は、また起きるのか？
高橋瑞樹
生物たちの大絶滅が進行中？　過去五度あった大絶滅とは？　絶滅とはどういうことでなぜ問題なのか、様々な生物を例に解説。

954
いま、この惑星で起きていること
気象予報士の眼に映る世界
森さやか
世界各地で観測される異常気象を気象予報士の立場で解説し、今後を考察する。雑誌『世界』で大好評の連載をまとめた一冊。

955 世界の神話 躍動する女神たち　沖田瑞穂
強い、怖い、ただでは起きない、変わってる⁉ 世界の神話や昔話から、おしとやかなイメージをくつがえす女神たちを紹介！

956 16テーマで知る 鎌倉武士の生活　西田友広
鎌倉武士はどのような人々だったのでしょうか？ 食生活や服装、住居、武芸、恋愛など様々な視点からその姿を描きます。

957 〝正しい〟を疑え！　真山 仁
不安と不信が蔓延する社会において、自分を信じて自分らしく生きるためには何が必要なのか？ 人気作家による特別書下ろし。

958 津田梅子―女子教育を拓く　髙橋裕子
日本の女子教育の道を拓き、シスターフッドを体現した津田梅子の足跡を、最新の研究成果・豊富な資料をもとに解説する。

959 学び合い、発信する技術―アカデミックスキルの基礎　林 直亨
アカデミックスキルはすべての知的活動の基盤。対話、プレゼン、ライティング、リーディングの基礎をやさしく解説します。

960 読解力をきたえる英語名文30　行方昭夫
英語力の基本は「読む力」。先生と生徒の対話形式で、新聞コラムや小説など、とっておきの例文30題の読解と和訳に挑戦！